Hermann Vogelstein

Der Kampf zwischen Priestern und Leviten

seit den Tagen Ezechiels - Eine historischkritische Untersuchung

Hermann Vogelstein

Der Kampf zwischen Priestern und Leviten
seit den Tagen Ezechiels - Eine historischkritische Untersuchung

ISBN/EAN: 9783744604352

Hergestellt in Europa, USA, Kanada, Australien, Japan

Cover: Foto ©Lupo / pixelio.de

Weitere Bücher finden Sie auf **www.hansebooks.com**

Der Kampf

zwischen

Priestern und Leviten

seit den Tagen Ezechiels.

Eine historisch-kritische Untersuchung

von

Dr. H. Vogelstein,

Rabbiner in Stettin.

Stettin.

Verlag von Friedr. Nagel (Paul Niekammer).

1889.

Vorwort.

Alle Bibelforscher, wie weit sie in ihren Ansichten über die Abfassungszeit der Bücher der heiligen Schrift auch auseinandergehen, stimmen darin überein, dass zwischen den beiden Ständen oder Klassen, denen die Leitung und Ausübung des Opfer- und Tempeldienstes übertragen war, zwischen Priestern und Leviten, nicht immer Einigkeit und Frieden geherrscht, dass vielmehr ein Zeit lang heftige Kämpfe unter ihnen gewütet haben, welche auf die Gestaltung der Kultusform von grossem Einflusse gewesen sind. Wann aber diese Kämpfe stattgefunden haben, welches die wichtigsten Momente derselben gewesen sind, das ist bisher wohl beiläufig hie und da mit erwogen, aber noch nicht in zusammenhängender Bearbeitung dargestellt worden. Namentlich hat das Verhältnis zwischen Priestern und Leviten im nachexilischen Staate, die Entwickelung des Levitentumes nach Esra, bislang noch nicht die gebührende Berücksichtigung und Würdigung gefunden und wird auch in dem neuesten grösseren Werke, das auf diesem Gebiete erschienen ist, in der „Geschichte des alttestamentlichen Priestertumes" von Baudissin (Leipzig 1889) nur äusserst dürftig behandelt.

In dieser Schrift nun habe ich den Versuch gemacht, eine Geschichte der Priester und Leviten von Ezechiel bis zum Untergange des jüdischen Staates zu schreiben und die wichtigsten Phasen des Kampfes zwischen den Söhnen Ahrons und den übrigen Söhnen Levis zu schildern. Selbstverständlich mussten zur Lösung dieser Aufgabe auch die kultuellen

Zustände der vorexilischen Zeit teilweise in Betracht gezogen werden, besonders so weit es sich um die Entstehung des Levitentumes und um die Scheidung zwischen der jerusalemischen und der Land-Priesterschaft handelte.

Geschöpft habe ich zumeist aus Bibel und Talmud, aber auch die exegetischen und geschichtlichen Werke der Neuzeit habe ich gewissenhaft zu Rate gezogen.

Ob die Ergebnisse meiner Untersuchung als gesichert und feststehend allseitig Anerkennung finden werden, lässt sich bei der Verschiedenheit des Standpunktes, von dem aus die Beurteilung erfolgt, kaum erwarten. Hingegen darf ich für manche der von mir aufgestellten Behauptungen um so zuversichtlicher auf Zustimmung hoffen, da ich mir bewusst bin, ohne Voreingenommenheit zu Werke gegangen und nur von dem Streben nach Wahrheit geleitet worden zu sein.

Stettin, 1. Juli 1889.

H. Vogelstein.

I.

Als Ezechiel im 25. Jahre nach der Wegführung Jojachins nach Babylon seine Tempel- und Priesterordnung als eine neue göttliche Offenbarung niederschrieb und mit peinlichster Sorgfalt selbst die geringfügigsten Handlungen des Opferdienstes feststellte, war er sich wohl bewusst, tief einschneidende Veränderungen empfohlen zu haben, deren praktische Durchführung nicht ohne Widerspruch und Kampf zu erwarten war. Allein er hielt solche durchgreifende Änderungen für notwendig zur Befestigung der Theokratie und zur Erhöhung der Feierlichkeit des Opferkultus, und alle anderen Rücksichten mussten diesem Zwecke weichen.

Auch lebte in seiner Erinnerung noch das grosse josijanische Reformwerk, durch welches sämtliche ehemaligen Opferstätten des Landes zu Gunsten Jerusalems ihrer Würde entkleidet wurden und die Einheit des Opferkultus hergestellt war.

Wenn der fromme König Josija, nur von der Prophetenpartei unterstüzt, es hatte wagen dürfen, die durch eine vielhundertjährige Geschichte geheiligten Orte, wie Bethel, Gibeon, Chebron, Berseba, und den bis auf die Zeit der Erzväter zurückgeführten Kultus daselbst für illegitim zu erklären, so durfte der Prophet des Exils noch einen bedeutsamen Schritt weitergehen und auch hinsichtlich der Personenfrage sich auf einen exklusiven Standpunkt stellen, zumal da eine Regelung dieser schwierigen Angelegenheit ohne Verletzung historischer Rechte gar nicht möglich war.

Denn wie sollte die Einheit des Opferdienstes, die vom Deuteronomiker gefordert und während der babylonischen Gefangenschaft zum allgemeinen Rechtsgrundsatz erhoben war, aufrecht erhalten werden, wenn allen ehemaligen Höhenpriestern die Befugnis eingeräumt wurde, gleich der in Jerusalem erbeingesessenen Priesterschaft die heiligen Handlungen am Altare zu verrichten? Abgesehen davon, dass die Zahl eine viel zu grosse gewesen wäre, hatte auch die Erfahrung bereits gelehrt, dass die zadokitische Priesterschaft der Hauptstadt durchaus nicht

1

gewillt war, die viele Jahrhunderte hindurch unbestritten von ihr ausgeübte Alleinherrschaft am Centraltempel mit anderen zu teilen. Denn die wohlwollende Bestimmung des Deuteronomikers[1]), dass „der Levi, der von einem deiner Thore,in die Stadt kommt, welche Gott erwählen wird, ebenso wie alle seine Brüder, die Leviten, die dort vor dem Herrn stehen, den Dienst versehen darf", hat in der Praxis den grössten Widerspruch hervorgerufen und scheiterte an dem einmütigen Widerstande der Zadokiten, die von ihrem Besitzstande auch nicht das geringste aufgeben mochten und die fremden Priester gewaltsam von der Beteiligung am Opferdienste ausschlossen.[2])

Die feindselige Haltung der jerusalemischen Priesterschaft den Landpriestern gegenüber war ein Hauptgrund für die schnelle Beseitigung der josijanischen Reform gewesen, die ihren Urheber nicht überlebte. Unmittelbar nach dem Tode des frommen und energischen Königs Josija feierten die von ihm gewaltsam geschlossenen Kultusstätten ihre Auferstehung und blieben bis zum Untergang des Reiches Juda vielbesuchte religiöse Anziehungspunkte für die in ihrer Nachbarschaft wohnende Bevölkerung, wenngleich der Tempel in Jerusalem sein schon früher behauptetes Vorrecht in erhöhtem Masse geltend machte.

Wie sollte es nun im Zukunftstempel gehalten werden? Die Höhenpriester gänzlich zu ignorieren, in keiner Weise für ihre Existenz zu sorgen und ihnen keinen Anteil an den heiligen Handlungen einzuräumen, wie es Chiskija gethan hatte, ging füglich nicht an. Denn mangels gesetzlicher Bestimmungen konnte gar zu leicht gerade inbezug auf die für den Opferdienst so wichtige Personenfrage eine Willkür eintreten, und wenn auch nicht zu befürchten war, dass die alten Bamoth wiedererstanden — war doch ihr Nimbus durch das Exil und durch das inzwischen zu hohem Ansehen gelangte Deuteronomium geschwunden — so waren Streitigkeiten zwischen den ländlichen und den hauptstädtischen Priesterfamilien kaum zu vermeiden, wenn nicht schon im voraus das Rechts- und Rangverhältnis geordnet war.

Die deuteronomische Bestimmung, welche die Gleichberechtigung sämtlicher Priester festsetzte, war, wie bereits erwähnt, ein toter Buchstabe geblieben. Die Macht der Zadokiten war zu

[1]) Deuteron. 18, 6—8.
[2]) II. Kön. 23, 9.

gross und fand an den vornehmen Geschlechtern der Hauptstadt, die mit ihnen vielfach verschwägert waren, eine so
einflussreiche Stütze, dass die Landpriester alle ihre Bemühungen, in diese festgeschlossene Priestergarde einzudringen,
als vergeblich erkennen mussten. Die völlige Preisgebung der
Höhenpriester, wie sie Chiskija beabsichtigt zu haben scheint,
widerstritt hinwiederum zu sehr den historischen Überlieferungen
und dem allgemeinen Rechtsgefühle und machte einen grossen
und angesehenen Teil der Bevölkerung geradezu brotlos. Es
musste also ein Ausweg gefunden werden, der möglichst beide
Teile befriedigte, den Zadokiten ihre bevorzugte Stellung liess
und doch zugleich den übrigen Mitgliedern des Priesterstandes
einen Anteil an dem Centralheiligtume, an dem Opferdienste
und den priesterlichen Sporteln zusicherte.

Ganz leicht war die Lösung dieser Aufgabe nicht, aber
ein Umstand kam ihr wesentlich zu Hülfe. Man hatte früher
zu Tempeldienern, namentlich in dem Opfertempel zu Jerusalem,
meistens heidnische, wohl gibeonitische, Fremdlinge verwandt,
die, anfänglich nur zu den allerniedrigsten Dienstleistungen,
zum Holzspalten und Wasserschöpfen benützt, nach und nach
manche Verrichtungen sich angemasst oder von den Priestern
zugeteilt erhalten hatten, die mehr einem Ehrendienste als
einer Knechtesarbeit glichen. Denn die Aufsicht über das
Haus, die Bewachung der Eingänge und alle Obliegenheiten,
die zur Aufrechterhaltung der Tempelordnung dienten, wahrscheinlich sogar das Schlachten des Brand- und Mahlopfers
und sonstige Hülfeleistungen gehörten zu den Aufgaben der
sogenannten Tempeldiener, die längst keine Tempelsklaven
mehr waren, vielmehr als Genossen und Verbündete der
Priester einen nicht zu unterschätzenden Einfluss erlangt und
bei den vielen feierlichen Tempelversammlungen, die namentlich in den letzten Jahrzehnten vor dem Untergange Jerusalems
stattfanden, eine wichtige Rolle spielten. Denn auch bei den
heiligsten Akten des Opferdienstes, bei der Räucherung der
Fettstücke und bei dem Sprengen des Blutes waren die nichtlevitischen, ja nichtisraelitischen Tempeldiener im Heiligtume
anwesend gewesen, was den Propheten geradezu einem Bundes-
bruche gleich zu achten dünkt.[1])

In dem Zukunftstempel sollte nun ein derartiger Missbrauch unter keinen Umständen fortbestehen; denn die Heilig-

---

[1]) Ez. 44, 7. 8. 11.

keit des Ortes und des Opferdienstes verlangt, dass alle Be-
teiligten den Stempel der Weihe an sich tragen, und dass
niemand den heiligen Raum betrete, um an der Vorrichtung
der heiligen Handlung mitzuwirken, der nicht durch seine
Abstammung und seinen Lebensberuf hierzu qualifiziert erscheint. Mit den ehemaligen Tempelsklaven musste daher ein
für allemal aufgeräumt werden, und der hierdurch frei werdende
Platz konnte den nichtzadokitischen Priestern überlassen werden,
die auf solche Weise, besonders wenn man ihre Funktionen
noch amplifizierte, immerhin eine eximierte Stellung einnahmen
und als Priester niederen Grades angesehen werden konnten.
Ezechiel will daher „den Priestern, welche die Obhut des
Hauses haben," die Schlachtung sämtlicher Opfertiere, einschliesslich der Ola, des Sünd- und Schuldopfers, sowie das
Kochen des Mahlopfers überlassen wissen; auch sind im inneren
Vorhofe des Tempels Zellen angebracht für die Priester niederen
Ranges, desgleichen Kochhäuser für die Mahlopfer u. s. w.

Aber so sehr der Prophet sich bemüht, die Stellung der
nichtzadokitischen Priester, die er in den späteren Kapiteln
nicht mehr Priester, sondern Leviten oder „Diener" des
Hauses nennt, den übrigen Israeliten gegenüber zu heben und
ihren Dienst als einen bedeutungsvollen zu bezeichnen, so
betont er dennoch ungemein scharf den Unterschied zwischen
ihnen und den Zadokiten, welch letztere er als „die dem Herrn
Nahestehenden" bezeichnet, und will die Leviten von dem
eigentlichen Opferdienste, vom Herantreten zum Altar, gänzlich
ferngehalten wissen. Von der Blutsprengung und dem Räuchern
der Fettstücke an haben sie mit dem Opfer nichts mehr zu
thun, auch steht ihnen nicht der geringste Anteil an allen
denjenigen Opfermahlzeiten und Abgaben zu, deren Genuss den
gewöhnlichen Israeliten nicht verstattet ist. Die Mincha, das
Sünd- und Schuldopfer, alles Banngut, die Erstlingsgaben,
die Toruma, auch das erste des Teiges: alles dies gehört ausschliesslich den Priestern, welche „die Obhut des Altares
haben." Für diese letzteren sind besondere Priestergewänder·
verordnet, Vorschriften inbetreff ihres Haupthaares gegeben,
das Weintrinken vor dem Betreten des inneren Vorhofes wird
ihnen verboten, nur Jungfrauen und Priesterwitwen zu ehe-
lichen ist ihnen gestattet, die im Deuteronomium[1]) den Leviten-

---

[1]) 25, 5.

priestern vorbehaltene Entscheidung in Streitsachen wird ausschliesslich ihnen übertragen mit der besonderen zusätzlichen
Bestimmung, dass sie zwischen heilig und profan, zwischen
rein und unrein sondern und die göttlichen Thoroth sowie die
Sabbath- und Feiertagsgesetze streng beobachten sollen. Der
inneren Reinheit und Würdigkeit soll auch die äussere Reinheit
entsprechen; daher sie ausser bei sehr nahen Verwandten
nicht mit einer Leiche in Berührung kommen dürfen und
bei einer Verunreinigung durch einen Toten nach erfolgter
Reinigung sich noch eine siebentägige Frist vom Tempel fernzuhalten haben. Beim Wiederbetreten des inneren Vorhofes
zur heiligen Dienstverrichtung sollen sie ausserdem ein be-
sonderes Sündopfer darbringen. Für die Leviten gelten diese
Verordnungen nicht. Wie sie es halten sollen, wenn sie
durch die Berührung eines Toten unrein geworden sind, wird
nicht erwähnt. Es ist anzunehmen, dass der Prophet diesbezüglich für sie keine anderen Bestimmungen gelten lassen
will als für das übrige Volk. —

Die Degradierung der nichtzadokitischen Priester zu Hierodulen begründet Ezechiel[1] damit, dass sie sich zur Zeit der
Abtrünnigkeit Israels von Gott entfernt, die Israeliten vor
ihren Götzen bedient hätten und dadurch dem Hause Israel
zum Anstoss der Sünde geworden seien. Diese ihre Sünde
und ihre Schmach sollen sie damit büssen, dass „sie mir
nicht nahen dürfen, um zu priestern und zu allen meinen
Heiligtümern, sofern diese hochheilig sind, hinzutreten." Dass
diese Motivierung in allen Stücken zutreffend sei, wird man
schwerlich behaupten können. Man braucht sich nur der vielen
Klagen zu erinnern, welche Jeremias über die Priester, und
damit meint er doch in erster Reihe die hauptstädtischen, d. h.
die zadokitischen Priester, erhebt, die mit den Fürsten Judas
gemeinsame Sache machten und zu den Stützen der Hofpartei
gehörten, und man wird das von Ezechiel den Zadokiten ge-
spendete Lob[2] אשר שמרו את משמרת מקדשי höchstens darauf
beziehen, dass sie nicht auf einer der vielen Bamoth des Landes
priesterliche Funktionen ausgeübt haben; aber von einer besonderen Treue gegen die Gottheit oder auch nur von einer
strengen Beobachtung des altisraelitischen Opferkultus seitens

---

[1] 44, 10. 12. 13.
[2] Daselbst.

der zadokitischen Priesterschaft kann, wie die Geschichte lehrt, füglich nicht die Rede sein. Von dem Priester Urija wissen wir, dass er den Weisungen des Königs Achas betreffs Anfertigung eines neuen Altares nach dem Muster des in Damaskus aufgestellten bereitwillig und ohne Widerrede nachgekommen ist. Und in späterer Zeit, während der Regierung Jojakims, als der Kultus der Himmelskönigin eingeführt wurde, da haben die Priester diesem zuchtlosen Wesen auf alle mögliche Weise Vorschub geleistet und ihm durch ihr Amt und ihr Ansehen die erforderliche Weihe verliehen. [1] Wohl hat es auch wahrhaft fromme, gottbegeisterte Zadokiten gegeben, wie Jojada und Chilkija, und das Andenken an diese Männer war, weil mit der Erinnerung an hochwichtige politische und religiöse Ereignisse eng verknüpft, im Volke wohl so lebendig, dass der Prophet es wagen durfte, die Zadokiten überhaupt als die treuen Anhänger Gottes, als die gewissenhaften Hüter des Heiligtumes zu bezeichnen, die allein würdig befunden seien, im Zukunftstempel, dessen Heiligkeit eine ungleich höhere als die des ersten Tempels sein sollte, als Priester zu wirken.

Wie wurde nun der Vorschlag oder besser die Anordnung Ezechiels, die Degradierung der nichtzadokitischen Priester betreffend, von den letzteren selbst und vom Volke aufgenommen? Direkte Nachrichten, welche uns befähigten, diese Frage zu beantworten, sind uns nicht überliefert; dennoch aber können wir ziemlich genau die verschiedenen Phasen verfolgen, welche diese Angelegenheit durchlaufen hat. Nicht in ungestümer gewaltsamer Weise wurde sie erledigt wie in den Tagen Chiskijas und Josijas; der ezechielische Reformversuch war zu viel gelegenerer Zeit gemacht worden als die früheren. Für den Augenblick gab es keinen Tempel und keinen Opferkultus. Ein grosser Teil des Volkes hatte überhaupt die Hoffnung auf die dereinstige Wiederherstellung des jüdischen Staates, auf den Wiederaufbau Jerusalems und des Centralheiligtums daselbst aufgegeben. Das Gleichnis von den Totengebeinen wurde auch

---

[1] Grätz, Geschichte der Juden I., 331 ff. Sehr zutreffend ist die Bemerkung daselbst: „Es brauchten nicht mehr dazu, wie in Manasses Zeit, ausländische Priester verwendet zu werden." Denn in der That zeigten sich nach dem Tode Josijas die Priester in ihrer grossen Mehrzahl den Wünschen der Könige und der Hofpartei sehr willfährig. Der Prophet Jeremias musste sogar mehrmals bei den Fürsten Schutz suchen gegen seine eigenen Standesgenossen, die Priester, die ihn aufs ingrimmigste verfolgten.

damals noch oft genug angewandt, und selbst diejenigen, welche,
den prophetischen Verheissungen vertrauend, sich nicht für
immer von Gott verworfen wähnten und auf eine glückliche Zukunft hofften, befanden sich im Ungewissen, wann dieser
ersehnte Zeitpunkt eintreten werde, und zähmten im Hinblick
auf die ungeheure Macht des babylonischen Reiches, dem
kein einigermassen ebenbürtiger Gegner sich zeigte, ihre Un-
geduld. Die Priester- und Levitenrangordnung war daher für
den Augenblick keine brennende Frage, konnte vielmehr in
aller Ruhe erwogen werden, da sie voraussichtlich für längere
Zeit noch keine praktische Bedeutung hatte.

Die Autorität Ezechiels, des einzigen hervorragenden Propheten während der ersten Hälfte des Exils, war bei den
Volksältesten [1]) und wohl auch bei der grossen Masse eine
sehr bedeutende. Man hatte sich daran gewöhnt, seine Aus-
sprüche als von Gott eingegeben mit Ehrfurcht hinzunehmen,
und die zadokitischen Priester haben es sicherlich nicht an
Bemühungen fehlen lassen, die ezechielische Priester- und
Tempelgesetzgebung als eine von Gott gewollte zu bezeichnen
und ihre unverbrüchliche Beobachtung als ein heiliges Gebot
dem Volke ans Herz zu legen. Ihr historisches Anrecht an
den Tempel zu Jerusalem fiel auch sehr schwer für sie ins
Gewicht, und ihr enger Zusammenhang mit den vornehmen
jerusalemischen Geschlechtern erhöhte ihren Einfluss bedeutend.
So gewöhnte man sich nach und nach in vielen Kreisen an
den Gedanken des ausschliesslichen Priestertums der Zadokiten,
und die Opposition musste bis auf eine einzige Ausnahme das
Feld räumen. Dass aber Opposition vorhanden gewesen war
und auch noch in den letzten Jahrzehnten des Exils ihr Haupt,
wenngleich schüchtern, erhob, erkennen wir aus dem Deutero-
Jesaias. Dieser Prophet legt im Gegensatze zu Ezechiel den
wesentlichen Nachdruck auf die priesterliche Gesinnung und
erblickt hierin weit eher das Zeichen priesterlicher Würdigkeit
als in der Abstammung. Darum ist es ihm durchaus nicht
recht, dass „die Söhne der Fremde, die sich Gott von ganzem
Herzen anschliessen wollen," zurückgesetzt und vom Tempel
ausgeschlossen bleiben sollen. Er vermag aber mit seiner Ansicht nicht mehr durchzudringen und muss sich damit begnügen,
die Fremden sowie die vom Priesterdienste ausgeschlossenen

[1]) Ez. 8, 1.

Israeliten — in erster Reihe denkt er hierbei gewiss an die von Ezechiel degradierten Priester — auf eine spätere Zeit zu vertrösten, in welcher der Rangunterschied gänzlich aufgehoben und die Pforten des Tempels sowie der Zugang zum Altar allen von wahrhaft frommer Gesinnung Erfüllten geöffnet sein würden. [1])

Den grössten und erfolgreichsten Widerstand leistete aber der Teil der nichtzadokitischen Priesterschaft, der sowohl wegen seines in der Nähe von Jerusalem befindlichen Wohnsitzes als auch wegen seiner alten, aber unvergessenen historischen Erinnerungen sich mit Fug und Recht zur Priesteraristokratie zählen durfte und sich den Söhnen Zadoks mindestens für ebenbürtig hielt. Die Priester zu Anathoth, die in den Tagen Jojakims und Zidkijas gegen ihren eigenen Landsmann und Blutsverwandten Jeremias eine so schroffe, feindselige Haltung beobachtet und an allen sittlichen und religiösen Verirrungen jener Zeit sich in hervorragender Weise beteiligt hatten, wohl auch des öfteren von den zadokitischen Priestern zu dienstlichen Verrichtungen im Tempel zu Jerusalem zugelassen waren, zeigten sich durchaus nicht gewillt, sich von dem zadokitischen Propheten Ezechiel ihre priesterliche• Befähigung absprechen zu lassen. Ehe noch das Haus Zadok durch die königliche Gunst Salomos gleichsam zum Hofpriestertum berufen war, hatten die Ahnherren der Priester von Anathoth bereits die höchsten Würden innegehabt. Eli, Achimelech, Achija, Ebjathar waren Träger und Hüter des Nationalheiligtumes gewesen und hatten die zeitgenössischen Priester in jeder Weise überragt Bis zum Regierungsantritte Salomos nahm Ebjathar unbestritten den ersten Rang als Priester ein und Zadok bekleidete die zweite Stelle. Erst die Beteiligung Ebjathars an dem Versuche, Adonija auf den Thron Davids zu erheben, kostete ihm das hohe Amt, in welches nunmehr Zadok eingesetzt wurde. Jeder Zweifel an der früheren Unterordnung Zadoks unter Ebjathar ist durch I. Kön. 2, 35 ausgeschlossen; aus diesem Verse geht klar hervor, dass Salomo nach Absetzung und Verbannung Ebjathars das von diesem verwaltete Amt dem Priester Zadok übertrug, und dass Zadok in derselben Weise der Nachfolger

---

[1]) Das ist jedenfalls der Sinn der Verse 3—7 im Kap. 56 und des Verses 21 im Schlusskapitel des Jesaias.

Ebjathars wurde, wie Benajahu an Stelle Joabs der erste
Reichsfeldherr geworden ist.[1]

Dieses alte, erbeingesessene Priestergeschlecht, das seine
Zurücksetzung niemals völlig verwinden und verschmerzen
konnte, und dem selbst die Zadokiten die Ebenbürtigkeit nicht
abzusprechen wagen durften, sollte nun in der ezechielischen
Theokratie seinen vornehmen Rang gänzlich einbüssen und
einer Auszeichnung verlustig gehen, deren es sich nachweislich
schon in der Periode der Richter erfreut hatte. Das war ein
unmögliches Verlangen. Mochten immerhin die übrigen Land-
oder Höhenpriester, sich der unauswoichlichen Notwendigkeit
fügend, auf ihr Priestervorrecht verzichten oder doch für den
Augenblick die Geltendmachung desselben für zwecklos und
inopportun erachten: die ehemalige silonische Priesterschaft
konnte es nun und nimmermehr; eine solche Selbstverleugnung,
eine derartige Preisgebung aller geschichtlichen Erinnerungen
konnte ihr billigerweise nicht zugemutet werden. Sie erhob daher
energisch Protest gegen die ihr von Ezechiel zudiktierte De-

[1] Wenn im zweiten Buche Samuel Zadok stets vor Ebjathar genannt
wird, so hat der Verfasser oder Überarbeiter nur den thatsächlichen Verhältnissen seiner Zeit Rechnung getragen und der damals schon hoch angesehenen zadokitischen Priesterschaft die Ehre erwiesen, ihren Stammvater
auch äusserlich auszuzeichnen. Hieraus aber einen Rückschluss auf die
höhere Stellung Zadoks ziehen zu wollen, wäre völlig ungerechtfertigt, da
die beglaubigten Thatsachen dem widersprechen. Wie wäre es auch denkbar,
dass David den Sohn des Mannes. der mit allen seinen Blutsverwandten
seinetwegen den Tod erlitten, gegen einen anderen Priester hätte zurück-
setzen sollen? So lange David als Rebell von Saul verfolgt wurde, hatte
Ebjathar allein bei ihm als Priester fungiert und alle Gefahren treu mit ihm
geteilt. Muss ihm doch selbst Salomo das Zeugnis ausstellen, dass er Davids
wegen viel erduldet habe und deswegen auch nicht den Tod erleiden, sondern nur von der Hauptstadt und dem Königshofe verbannt werden solle.
Es kann daher keinem Zweifel unterliegen, dass Ebjathar, der Nachkomme
des altsilonischen Priestergeschlechtes, bis zu seiner Amtsentsetzung als
königlicher Oberpriester fungiert, und dass Zadok sich bis dahin mit der zweiten
Stelle hatte begnügen müssen.

Auch aus II. Sam. 15. 24, so korrumpiert die Stelle ist, geht hervor,
dass Ebjathar der Führer der Priester ist, der mit der Lade gleichsam zum
Schutze so lange halten lässt, bis alles Volk die Stadt verlassen hat. Es
scheint, als ob hierbei die Aufgabe Ebjathars eine ähnliche gewesen ist wie
diejenige der die Lade tragenden Priester im Buche Josua 4, 10. Die
Korruption an dieser Stelle ist offenbar aus dem Versuche entstanden, Ebjathar unter Zadok herabzudrücken.

Vgl. auch Thenius, die Bücher Samuels, und Wellhausen, der Text
der Bücher Samuelis, zu der betr. Stelle.

gradierung, und ein heftiger Konflikt drohte auszubrechen, der.
die bevorzugte Stellung der Zadokiten gänzlich erschüttern
konnte. Denn wenn die ehemaligen Höhenpriester sich der
durch die Priester von Anathoth vertretenen Partei anschlossen,
so waren die Zadokiten einer solchen Vereinigung gegenüber
machtlos und hätten schliesslich die Einreihung sämtlicher
Landpriester in die Listen der für den zukünftigen Centraltempel bestimmten Kohanim zugeben und somit jedem Anspruche auf Vorrang entsagen müssen. Doch so weit liessen
sie es nicht kommen. Vor die Wahl gestellt, den Kampf mit
sämtlichen einstigen Priestergeschlechtern, denen wohl auch
ein grosser Teil des Volkes und des Adels Bundesgenossenschaft geleistet hätte, aufzunehmen, oder die priesterliche
Herrschaft mit den Nachkommen Ebjathars zu teilen, entschlossen sie sich für das letztere. Sie machten ihren Frieden
mit den Priestern von Anathoth und deren Anhang, räumten
ihnen die Gleichberechtigung ein, wobei sie freilich darauf
rechneten, dass die wichtigsten priesterlichen Ämter infolge des
mehrhundertjährigen Besitzstandes ihnen selbst gesichert
bleiben würden, und fühlten sich durch dieses Bündnis stark
genug, allen Begehrlichkeiten der übrigen Priester den schärf-
sten Widerstand entgegenzusetzen.

Diese mussten auch zu ihrem Leidwesen bald erkennen,
dass es ihnen nicht gelingen würde, die sich immer fester an-
einander schliessende Phalanx der zadokitischen und ebja-
tharischen Priestergeschlechter zu durchbrechen, und gaben
es auf, einen Kampf fortzuführen, dessen Nutzlosigkeit ihnen
bei der Haltung des Volkes nicht verborgen bleiben konnte.
Denn wie dieses während des Exils immer mehr und mehr
von der Heiligkeit des jerusalemischen Tempels durchdrungen
war und den Wiederaufbau desselben als höchstes Ziel seiner
Wünsche mit heisser Sehnsucht begehrte, so erkaltete allmählich sein Interesse an den früheren Kultusstätten und mit ihm
zugleich sein Interesse an den ehemaligen Höhenpriestern.

Die Zadokiten und ihre Verbündeten erhielten als die
ehemaligen legitimen Opferpriester am Centralheiligtum in
seinen Augen eine erhöhte Weihe, und jede Auflehnung wider sie
erschien ihm wie eine Versündigung gegen die Gottheit. Der
Unterschied zwischen den beiden Priesterklassen, den Zadokiten
und Ebjathariten, trat nach aussen hin immer mehr zurück,
und für beide wurde der gemeinsame Name „Söhne Ahrons"

gewählt, so dass zur Zeit der Rückkehr der Juden aus dem
Exile die Priester als die Abkömmlinge Ahrons und die Leviten
als die Nachkommen der übrigen Stammhäuser Levis angesehen
wurden. Aus der Verschiedenartigkeit der Bezeichnung bei
Ezechiel und dem nachexilischen Schrifttume geht deutlich hervor, dass der so überaus exklusive Standpunkt Ezechiels
aufgegeben und die Berechtigung zur Teilnahme am Priesterdienste nicht mehr, wie der Prophet es wollte, bloss durch
den Nachweis des auf Zadok zurückgeführten Stammbaumes,
sondern auch durch die Zugehörigkeit zu der ehemaligen
Priesterschaft von Anathoth und deren Verwandtschaft erworben
wurde. Die zadokitische Linie galt fortan als die ältere, von
Eleasar abstammende, die ebjatharische als die jüngere, die in
Ithamar, dem jüngeren Sohne Ahrons, ihren Stammvater er-
blickte. Mit dieser Auffassung stimmte freilich die Thatsache
nicht überein, dass Eli, obwohl der jüngeren Linie angehörend,
das Haupt der silonischen Priesterschaft und der Hüter des
Nationalheiligtums gewesen ist. Aber diese geschichtliche Erinnerung wurde von der anderen in den Hintergrund gedrängt,
dass die Zadokiten erwiesenermassen im salomonischen Tempel
ein Priestervorrecht ausgeübt hatten und darum als die legi-
timsten der legitimen Priester angesehen wurden.[1]) Mögen nun
auch in der Priesterschaft selbst Eifersüchteleien und Reibungen
zwischen den beiden Klassen stattgefunden haben, so traten
die Priester doch nach aussen hin als eine festgeschlossene
Partei auf und umgaben sich mit einem Nimbus von Heiligkeit,
der sie der grossen Menge als gottgeweiht und unantastbar
erscheinen liess. Serubabel hat es später an sich erfahren,
welche Machtstellung das Priestertum während des Exils erlangt hatte. Seine davidische Abstammung und der ihm von
dem Perserkönige verliehene Rang erwiesen sich als zu schwach
gegenüber dem als Haupt der Priesterschaft beim Volke im
höchsten Ansehen stehenden Josua. Vergebens bemühte sich

---

[1]) Sollte nicht auch in jener Zeit die Interpolation I. Sam. 2, 27 bis
Ende durch einen Zadokiten eingeschoben sein? Die Schlusssätze besonders
weisen auf den Gegensatz der beiden Priestergeschlechter hin und bezeichnen
es fast als eine Gnade, dass dem Hause Elis überhaupt noch der Zutritt
zum Altare und die Einreihung in die Priesterklasse gestattet wird. Der Anspruch, den die Ebjathariten mit aller Energie erhoben, und den die Zadokiten
notgedrungen zugestanden haben, wird hier absichtlich zu einem geradezu
entwürdigenden, bettelhaften Bittgesuche an das Haupt der Zadokiten ver-
wandelt.

der Prophet Secharja, in Gleichnisreden die Vertreter der politischen und priesterlichen Gewalt als gleichwertig zu bezeichnen: die grosse Masse der Juden nahm für den Priester Partei und liess den des ewigen Kampfes müden Serubabel, ohne für ihn einzutreten, nach Babylon zurückkehren. Wie hätten unter solchen Verhältnissen, die ja nicht plötzlich sich herausgebildet, vielmehr auch schon während des Exils bestanden haben, die von Ezechiel gebrandmarkten und als abtrünnig bezeichneten Höhenpriester es da durchsetzen sollen, gegen den Willen der Ahroniden und ihres mächtigen Anhanges sich ihr Anrecht an dem Heiligtume zu Jerusalem zu erobern?

Sie gaben also den Kampf vorläufig auf, wollten aber nun gar nichts mehr mit dem Opfer- und Priesterdienste zu thun haben. Wenn sie dem Altare nicht nahen durften, so wollten sie sich wenigstens nicht zu Dienern der Priester erniedrigen lassen und eine untergeordnete Rolle neben ihnen spielen. Nur ein ganz kleiner Teil der ehemaligen Landpriesterschaft fand sich völlig in die neugeschaffene Situation; die übrigen entsagten zwar notgedrungen ihren Ansprüchen, waren aber mit ihrem Schicksale keineswegs ausgesöhnt und blieben auch nach der von Cyrus erteilten Erlaubnis zur Rückkehr in das heilige Land fest entschlossen, ihre Sehnsucht nach den heimatlichen Gefilden zu unterdrücken und lieber im Exile zu verharren, als sich an der gemeinsamen Opferstätte in eine dienende Stellung herabdrücken zu lassen. So sehen wir in der Liste der mit Serubabel nach Palästina hinaufgezogenen Exulanten die vier Priestergeschlechter die stattliche Summe von 4289 zählen, während die Zahl der Leviten nur 74 beträgt und selbst mit Hinzurechnung der Sänger und Thorwärter, über deren Verhältnis zu den Leviten weiter unten gesprochen werden soll, nur auf 341[1]) oder auf 360[2]) anwächst. Sämtliche ehemaligen Höhenpriester waren zu Leviten degradiert, und nur ein verschwindend kleiner Bruchteil von ihnen kehrte in die Heimat zurück, um den untergeordneten Dienst im Centraltempel zu versehen. Diese Thatsache spricht so deutlich, dass jedes Missverständnis ausgeschlossen ist, für den tiefgehenden Zwiespalt zwischen Priestern und Leviten. Wir finden hier einen Gegensatz ausgeprägt, den weder religiöse Begeisterung noch Sehnsucht nach dem Stammlande zu mindern vermögen. Die Landpriesterschaft,

---

[1]) Esra 2. 40—42.
[2]) Nech. 7, 43—45.

zu ohnmächtig, um ihren historisch begründeten, aber dem
Vorrange Jerusalems widerstreitenden Ansprüchen Geltung zu
verschaffen, versucht wenigstens durch passiven Widerstand
einigermassen Vergeltung zu üben für die ihr zugefügte Unbill
und überlässt es in ihrer überwiegenden Mehrheit den Zadokiten und deren Verbündeten, sich ohne sie im Opfer- und
Tempeldienste zurechtzufinden.

Es sei an dieser Stelle, obwohl über die Berechtigung,
die Scheidung zwischen Priestern und Leviten erst von Ezechiel.
zu datieren, später noch genauer zu sprechen sein wird, der
Einwand Kittels[1]) einer kurzen Erörterung unterzogen, der
gegen diese Berechtigung folgende „gewichtige Bedenken" nicht
unterdrücken kann:

„Wie lässt es sich verstehen, dass nach dem Exil nur
„eine ganz geringfügige Zahl von Leviten zurückkehrte,
„wenn ihre Degradation erst ihrer Durchführung harrte?
„Dies erklärt sich nur, wenn jener Zustand schon vorher
„feststand. Angenommen aber, sie seien schon durch
„Ezechiels Gesicht — obwohl dasselbe wenig genug Ein-
„fluss auf die Gestaltung der Dinge im Leben gewann —
„von der Rückkehr abgeschreckt worden, so erwachsen
„andere Schwierigkeiten. Wenn das Priestertum der
„Söhne Aarons erst aus der Zeit der Restauration datiert
„und keinerlei Anknüpfung an eine voroxilische Institution.
„gleicher Art zu seiner Legitimation aufzuweisen hatte,
„wie versteht sich dann sein Aufkommen? Nur wenn
„dieses Priesterrecht der Söhne Aarons schon vor dem
„Exil bestanden hatte und er auf dasselbe sich berufen
„konnte, durfte Ezra wagen, es durchzuführen. Denn auch
„auf die Autorität Ezechiels konnte man sich dabei nicht
„berufen. Er will ja das Priestertum der Söhne Sadoqs."
Nun, ich sollte meinen, diese „gewichtigen Bedenken"
wiegen nicht gar schwer. Wer hat denn je behauptet, dass
es den Leviten bei der Rückkehr Serubabels und Josuas unbekannt gewesen sei, welche Dienstleistungen ihnen im Tempel
zu Jerusalem würden übertragen werden? Im Exile schon war
die ezechielische Anschauung zur Durchführung gelangt, schon
mehrere Jahrzehnte vor der Eroberung Babylons durch Cyrus
war über die Stellung der Leviten im künftigen Centraltempel

---

[1]) Gesch. d. Hebräer, 1. Halbband pag. 107.

endgültig entschieden, ihre Degradation war unwiderruflich. Der Einfluss Ezechiels war eben keineswegs so unbedeutend, wie manche Kritiker vermuten; und wenn auch der zadokitische Prophet nicht mit allen seinen Ansichten hat durchdringen können, wenn auch ausser den Söhnen Zadoks die Söhne Ebjathars ihre priesterliche Berechtigung durchgesetzt hatten und infolge dessen die Kohanim nicht mehr als Söhne Zadoks sondern als Söhne Ahrons bezeichnet wurden: das Wesentlichste des ezechielischen Priesterkodex, die Ausschliessung der ehemaligen Höhenpriester vom Altare, ist voll und ganz verwirklicht worden, und zwar nicht erst durch Esra, sondern schon vor Serubabels Einwanderung.

Umgekehrt möchte ich fragen: Wenn die Leviten schon in vorexilischer Zeit keine Priesterrechte besassen, sondern schon damals nur Hülfsdienste im Heiligtume verrichten durften, — was konnte sie denn, da sie an diesen Zustand bereits gewöhnt sein mussten, jetzt auf einmal veranlassen, an ihrer Stellung Anstoss zu nehmen und sich in ihrer überwältigenden Mehrheit von dem Vaterlande und dem Tempel fernzuhalten? Auf diese Frage dürfte sich schwer eine befriedigende Antwort finden lassen, und darum können wir es als eine geschichtliche Thatsache betrachten, dass die Erniedrigung der Leviten sich im Exile vollzogen hat, und dass diese durch ihre Weigerung, nach Palästina zurückzukehren, gegen die neue Rechtsordnung Verwahrung einlegten und den bevorzugten Priestern Schwierigkeiten zu bereiten gedachten. Es stellte sich auch in der That bald ein Mangel an Leviten heraus, so dass man bei dem Bau des Tempels der ursprünglichen Absicht entgegen zu Aufsehern über die Bauleute nebst den Leviten, obwohl man bis zur jüngsten Altersstufe, bis zum zwanzigsten Lebensjahre, zurückgegriffen hatte, noch Judäer verwenden musste.[1])

---

[1]) Esra 3, 8 besagt offenbar, dass man anfangs das Amt der Beaufsichtigung oder des Antreibens, wozu wohl auch die Entlohnung der Arbeiter etc. gehörte, nur den Leviten übertrug; aber aus dem folgenden Verse geht hervor, dass man auch noch Söhne Judas hinzuziehen musste, vermutlich weil die Zahl der in Jerusalem ansässigen Leviten nicht ausreichte. Mir will sogar scheinen, als sei das Waw vor בני יהודה nicht aus Versehen ausgefallen, sondern von dem levitenfreundlichen Überarbeiter absichtlich gestrichen, weil es ihn störte, zu einem den Leviten gebührenden Dienste Söhne Judas verwendet zu sehen, und weil es durch diese kleine Änderung fast den Anschein gewinnen könnte, als seien die hier genannten Söhne Judas ebenfalls Leviten, d. h. Söhne eines Leviten namens Juda. Die בני חנדד, die am Schlusse

Anfangs scheint zwischen den aus dem Exile zurückgekehrten Priestern und Leviten ein leidliches Verhältnis bestanden zu haben, da die ersteren auf die Unterstützung der
letzteren beim Opferdienste angewiesen waren, und die Leviten
hinwiederum wegen ihrer geringen Anzahl von den Priestern
abhängig blieben und es nicht wagen durften, ihnen eines ihrer
Vorrechte streitig zu machen. Bei der Einweihung des serubabelschen Tempels gingen sie Hand in Hand, und bei der
ersten Passahfeier, die nach der Vollendung des Heiligtumes
begangen wurde, überliess man das Schlachten der Passah-
lämmer ausschliesslich den Leviten, die vollauf durch diese
Funktion in Anspruch genommen wurden, und deren Unentbehrlichkeit dem ganzen Volke bei dieser Gelegenheit recht
deutlich werden musste.[1]) Der Verfasser, der seinen knappen
Bericht einer wohl unmittelbar nach der Feier angefertigten
Aufzeichnung oder einer mündlichen Darstellung entlehnte,
hebt nicht ohne Absicht die Einmütigkeit zwischen Priestern
und Leviten hervor, welche durch die Bezeichnung: „sie schlachteten das Passahopfer für alle Söhne der Gola und für ihre
Brüder, die Priester und für sich" zum praegnanten Ausdrucke
kommt. Die Rückwirkung dieses friedlichen Verhältnisses auf
das Volk blieb nicht aus; dieses lieferte bereitwillig die ihm
für die Priester und Leviten auferlegten Abgaben und Sporteln,
und noch in den Tagen Nechemias konnte man sich auf die
serubabelschen Zeiten berufen und sie hinsichtlich der Leistungen für Priester und Leviten als mustergiltig bezeichnen.[2])

II.

Doch in der traurigen Zeit, die bald nach der Vollendung
des Tempels begann, als die Priester auch die Herrschgewalt
in ihrer Hand vereinigt hatten, und nach der Rückkehr Serubabels nach Babylon kein davidischer Sprössling mehr ihnen
als Rival gegenüber stand, da verfuhren sie auch mit den Leviten weniger rücksichtsvoll und suchten sie von jedem einflussreichen Tempelamte völlig zu verdrängen. Bei dem, wie

des Verses nachgehinkt kommen, sind erst ein späterer Zusatz, gemacht, um
den Satz levitisch ausklingen und nicht mit dem vorhergehenden Verse in
Widerspruch treten zu lassen.
[1]) Esra 6, 16. 18. 20.
[2]) Nech. 12, 47.

aus Nechemia[1]) zu ersehen, immerhin ziemlich regen und lebhaften Verkehr zwischen Judäa und der Gola konnte das ungünstige Verhältnis den zahlreichen im Exile zurückgebliebenen Leviten nicht verborgen bleiben, und ihre Abneigung gegen die Söhne Ahrons musste sich mehr und mehr steigern. Daher die Thatsache, dass unter 1600 den angesehensten Familien entstammten Männern, die mit Esra nach Judäa zu ziehen sich bereit erklärt hatten, sich auch nicht ein einziger Levit befand. Sicherlich herrschte unter ihnen dieselbe religiöse Begeisterung wie unter den übrigen Gliedern der Gola, aber die Aussichten,. welche sich ihnen im heiligen Lande eröffneten, waren zu trübe, um sie zur Auswanderung zu veranlassen. Von den stolzen Priestern geringschätzig behandelt zu werden, keinen oder doch nur einen äusserst dürftigen Anteil von den Abgaben zu erhalten, ohne Anhang im Volke lediglich auf den guten Willen oder das Mitleid angewiesen zu sein, war wahrlich kein beneidenswertes Los für die Leviten, und darum zogen sie es vor, in der Gola zu bleiben, woselbst sie wenigstens keine Zurücksetzung zu befürchten hatten.

Die Nichtbeteiligung· der Leviten schmerzte Esra sehr, einmal weil, wie er wusste, überhaupt Mangel an eigentlichen liturgischen Leviten vorhanden war, sodann aber auch weil in dieser Nichtbeteiligung ein schweigender Protest gegen das ganze Kultussystem enthalten schien, der die Kluft zwischen den jerusalemischen Priestern und Leviten notwendig erweitern musste. Wenn Esra, der zwei neue Priestergeschlechter mitbrachte, gänzlich ohne Leviten in Judäa ankam, so musste dies das peinlichste Aufsehen erregen. Seine Autorität gegenüber den herrschsüchtigen Priestern hätte sicherlich gelitten, wenn diese schadenfroh auf sein gespanntes Verhältnis zu den Leviten hinweisen konnten. Die jerusalemischen Leviten, auf deren Unterstützung Esra mit Recht grosses Gewicht legte, und deren Mitwirkung er zur Durchführung seiner Reformpläne nicht entbehren konnte, wären misstrauisch geworden, wenn keiner ihrer auswärtigen Brüder ihn begleitet und sich ihm zur Förderung seiner Bestrebungen angeschlossen hätte. Er giebt sich darum die grösste Mühe, einige Leviten zu erhalten, ordnet eine grosse Deputation, bestehend aus den angesehensten Familienhäuptern der Israeliten und Priester und einigen Ge-

---

[1]) Nech. 1, 2.

lehrten (מבינים)[1]), an einen hervorragenden Leviten[2]), Iddo mit
Namen, ab, um ihn zu bestimmen, mit nach Judäa zu ziehen
und durch sein Beispiel und seine Fürsprache andere Leviten
gleichfalls zum Anschlusse an die neue Kolonie zu bewegen.
Allein ungeachtet des hohen Ansehens, dessen Esra sich in
der ganzen Gola erfreute, ungeachtet aller Bitten, Vorstellungen
und Versprechungen, welche die Abgesandten den Leviten in
seinem Auftrage machten, ist der Erfolg ihrer Sendung ein äusserst dürftiger. Iddo und seine Verwandtschaft weigern sich, mit-
zukommen, und die Deputation ist schliesslich froh, doch noch aus
zwei bis drei Levitengeschlechtern 38 Personen zusammengebracht
zu haben, die bereit sind, den Zug in das heilige Land mitzumachen.

Was für Worte Esra der Deputation in den Mund legte,
um auf Iddo einen günstigen Eindruck hervorzubringen und
ihn zur Auswanderung zu bewegen, ist uns nicht überliefert,
lässt sich aber sehr leicht ergänzen, wenn man die Situation
und das Verhalten Esras gegen die Ahroniden ins Auge fasst.
Der immer grösser werdenden Macht der Priester und der damit
verbundenen zunehmenden Anmassung derselben musste ge-
steuert werden. Am liebsten wäre es Esra, der, obwohl selbst
Ahronide, doch keine allzu günstige Meinung von seinen
Standesgenossen hatte und den Verfall des judäischen Gemein-
wesens grossenteils ihnen zuschrieb, sicherlich gewesen, durch
Verbreitung der Thorakenntnisse, durch Schaffung eines selbst-
bewussten, beim Volke in Ansehen stehenden Gelehrtenstandes
den priesterlichen Gelüsten einen Riegel vorzuschieben und

---

[1]) Es kann wohl kaum einem Zweifel unterliegen, dass das in Esra 8, 16
den Eigennamen vorgesetzte Lamed akkusativisch nach späterem Sprachge-
brauch aufzufassen ist (wie in II. Chron. 17, 7). Es wäre auch eine merkwürdig umständliche und zeitraubende Prozedur gewesen, wenn Esra erst
eine Anzahl der im Lande zurückgebliebenen Familienhäupter hätte auf-
bieten und diese zu Iddo senden wollen. Das konnte er viel bequemer haben.
In der Kolonie, die mit ihm nach Palästina auswandern wollte, befanden
sich viele angesehene Männer, die sich zu einer solchen Sendung wohl
eigneten. Zwei von den deputierten Häuptern finden wir auch unter den mit
Esra Hinaufziehenden aufgezählt, Schemaja und Secharja.

[2]) Dass Iddo selbst ein Levit gewesen, ergiebt sich ebenfalls aus dem
Zusammenhange. Es hat gar keinen Sinn, anzunehmen, dass Esra sich
wiederum erst an einen nichtlevitischen einflussreichen Mann gewandt und
ihn um seine Vermittelung bei den Leviten gebeten habe; auch besagt der
Ausdruck Esra 8, 17 להביא לנו משרתים deutlich, dass Iddo selbst erwartet
wurde, andernfalls wäre wohl der Ausdruck לנו הלך oder ein ähnlicher
angewandt worden.

2

die Ausübung einer strengen Kontrolle gegenüber den privilegierten Dienern und Verwaltern des Heiligtums zu ermöglichen. Hierdurch wären die Ahroniden allmählich zu blossen Opferpriestern herabgesunken, wie es ja auch in der späteren Zeit wirklich der Fall war, ohne dass ihnen innerhalb des religiösen und politischen Lebens irgend eine tonangebende Stelle gewahrt blieb. Aber ein solcher Wunsch bedurfte zu seiner Verwirklichung einer langen Zeit. Erst nach Generationen konnte ein Zustand eintreten, wie ihn Esra ersehnte, dass die Soferim die Kohanim in den Hintergrund drängten, und dass an Stelle des Geburtsvorrechts das Vorrecht der Gottesgelahrtheit trat. Einen solchen Zustand herbeizuführen, hat, wie wir wissen, Esra sich sehr angelegen sein lassen, und mit Recht wird er als Begründer des soferischen Zeitalters gepriesen. Doch auch schon für seine Zeit war es nötig, die unbeschränkte Macht der Priester einzudämmen, ihrer Alleinherrschaft im Tempel ein Ziel zu setzen und die Erweiterung ihrer Befugnisse zu verhindern.

Hierzu bot ihm der Levitenstand die trefflichste Handhabe dar. Seit den Tagen Ezechiels hatte sich in dem Verhalten derselben ein vollständiger Wandel vollzogen. Gerade die Leviten, die von jenem Priesterpropheten ihrer früheren Abtrünnigkeit wegen degradiert worden waren, zeigten sich in der Beobachtung der religiösen Vorschriften besonders eifrig. Wenn es Esra gelang, diese Volksklasse eng an sich zu fesseln und für seine Pläne zu gewinnen, so erlangte er hierdurch eine feste Stütze und konnte den Übergriffen eines hierarchischen Priestertums um so energischer entgegentreten. Und er wusste ja zum voraus, dass der Kampf gegen die im Besitze der Gewalt befindlichen Ahroniden ein sehr schwieriger, aber zur Herbeiführung einer Regeneration der politischen und religiösen Zustände unerlässlicher sei. Auf die hingebungsvolle Unterstützung der Leviten war er daher in erster Reihe angewiesen; nur mit ihrer Hülfe konnte er sich von seinen Bemühungen einen Erfolg versprechen. Liessen die Leviten ihn im Stich, so war sein Unternehmen gescheitert, noch bevor es begonnen war.

Darum dachte er daran, den Leviten eine geachtete Stellung zu verschaffen, sie im sozialen und religiösen Leben den Ahroniden möglichst gleichzustellen, den ihnen obliegenden Funktionen eine erhöhte Weihe zu verleihen und den den Priestern einmal eingeräumten und jetzt schon ein volles Jahrhundert behaupteten Vorrang im Tempel durch Amplifizierung der Dienstleistungen der Leviten innerhalb und mehr noch ausserhalb des Tempels in den Augen des Volkes zurücktreten zu lassen. Die Abgaben für die Leviten sollten durch Gesetz geregelt, nicht mehr dem guten Willen der Israeliten überlassen bleiben, die Leviten sollten fortan nicht mehr mit den Armen, den Witwen und Waisen in einem Atem genannt und auf Almosen angewiesen sein. Das Lehramt, das Richteramt, kurz alle Ehrenstellen, die nicht bereits durch das Gesetz oder durch ein geheiligtes Herkommen den Ahroniden zugeteilt waren, sollten als das Patrimonium der Leviten gelten. Auf diese Weise hoffte er, einen die religiöse Entwickelung des Volkes heilsam beeinflussenden Stand zu schaffen und doch der Gefahr einer Hierarchie wirksam vorzubeugen. Denn die Eifersucht zwischen Ahroniden und Leviten bildete gleichsam ein festes Bollwerk, welches die Hochflut priesterlicher Herrschgelüste nicht übersteigen konnte. Beide Stände waren dann auf einander angewiesen und konnten sich nicht leicht in Widerspruch mit dem Volke setzen, da dieses sonst die Partei des einen oder des anderen Standes ergriffen haben würde.

Aber alle Versprechungen und die Eröffnung solch günstiger Aussichten für die Zukunft vermochten, wie wir gesehen haben, die babylonischen Leviten nicht zur Auswanderung zu bewegen. Sie setzten zwar kein Misstrauen in die Aufrichtigkeit Esras, wohl aber in seine Macht, seine Verheissungen zu erfüllen. Die adelsstolzen Priestergeschlechter würden, das wussten sie im voraus, nimmermehr von ihren Vorrechten auch nur ein Titelchen zu Gunsten ihrer levitischen Genossen aufgeben, und Gesetz und Herkommen hatten ihnen einmal eine so eximierte Stellung verschafft, dass dieselbe nicht leicht zu erschüttern war. Das Volk hatte sich daran gewöhnt, in den Ahroniden die Vertreter des religiösen Prinzipes des Judentums zu erblicken, sie allein galten als heilig, sie allein durften dem Altare nahen, sie waren gleichsam die Vermittler, welche die göttliche Versöhnung dem Volke erwirkten, und es war zum mindesten sehr fraglich, ob in einem Streite zwischen Ahroniden und Leviten die letzteren sich der Volkssympathie würden zu erfreuen haben. Denn das Opfer spielte eine gar zu wichtige Rolle in dem religiösen Leben der damaligen Zeit, und bei der Darbringung desselben konnten allenfalls die Leviten, nimmermehr aber die Priester entbehrt werden, da an der seit der Rückkehr aus dem Exile als heilig und unverbrüchlich

2*

geltenden Bestimmung, dass von der Blutsprengung an nur ein Nachkomme Ahrons sich mit dem Opfer befassen dürfe, nicht zu rütteln war. [1]

Nur 38 Leviten schlossen sich, wie erwähnt, Esra an, und er preist die gütig waltende Hand Gottes, dass es ihm gelungen ist, diese, wenngleich winzige, Zahl zusammenzubringen. Er bemüht sich auch alsbald, die Ranggleichheit zwischen Priestern und Leviten in allen nicht unmittelbar mit dem Opferdienste zusammenhängenden religiösen Angelegenheiten zur Durchführung zu bringen. Er übergiebt die von den Exulanten und dem Perserkönige gespendeten Weihgeschenke zwölf Priestern und zwölf Leviten [2]), nennt sie alle zusammen „heilig dem Ewigen", sorgt auch dafür, dass bei der Ablieferung der Geschenke die Leviten in gleicher Anzahl wie die Priester vertreten sind. Diesem Grundsatze blieb er auch in der Folge treu. Bei jedem feierlichen Anlasse, bei jeder wichtigen Staatsaktion suchte er die Leviten heranzuziehen, während er die Priester, wo er ihrer Hülfe entraten konnte, bei Seite liess oder wenigstens nicht in den Vordergrund stellte. Bei der Bildung der Kommission zum Zweck der Entlassung der ausländischen Frauen wird ausdrücklich der Thätigkeit und der Unterstützung eines Leviten gedacht. [3]) Bei der grossen Versammlung vor dem Wasserthore am ersten des siebenten Monates sind es ausschliesslich Leviten, die aus der Thora vorlesen und den Inhalt des Vorgelesenen dem Volke erklären. Sie beschwichtigen auch das aufgeregte Volk im Vereine mit Esra und Nechemia.[4]) Eine besondere Tribüne war am 24. desselben

---

[1]) Wie streng man es mit der Prüfung der priesterlichen Abstammung nahm, erhellt aus Esra 2. 61—63 und aus der Parallelstelle Nech. 7. 63—65. Auch diejenigen, welche nachweislich seit den Tagen Serubabels, priesterliche Funktionen ausgeübt hatten, aber ihren priesterlichen Stammbaum nicht nachweisen konnten, wurden durch Nechemia von dem Genusse der Heiligtümer ausgeschlossen und verloren damit selbstverständlich auch die Befugnis des Opferns.

[2]) Esra 8, 24 ist vor לִשֵׁרֵבְיָה etwas ausgefallen, wahrscheinlich die Worte וּמִן הַלְוִים; denn Scherebia und Chaschabia sind ja die Häupter der beiden levitischen Geschlechter, die Esra begleiteten. In Vers 30 steht auch ausdrücklich וְקִבְּלוּ הַכֹּהֲנִים וְהַלְוִים.

[3]) Esra 10, 15.

[4]) Nech. 8, 8. 11. Dass die vierzehn Personen, welche zu je sieben rechts und links Esra zur Seite standen, Ahroniden gewesen seien, wie Grätz II b. pag. 151 behauptet, ist mehr als unwahrscheinlich. Den meisten dort angeführten Namen begegnen wir an anderen Stellen unter den Nicht-

Monates anlässlich des grossen Fast- und Busstages für die
Leviten errichtet, ihnen fiel auch die Abhaltung der Bussan-
dacht zu, der Thätigkeit der Priester hierbei geschieht keinerlei
Erwähnung. Ja, es gewinnt den Anschein, als habe Esra absichtlich derartige feierliche Versammlungen nicht in der
Tempelvorhalle, sondern auf einem freien Platze stattfinden
lassen, um nicht genötigt zu sein, den Ahroniden hierbei einen
bevorzugten Platz und eine hervorragende Mitwirkung zu ge-
währen.

Was Esra begonnen, setzte der praktische und thatkräftige
Nechemia fort. Ihm lag besonders daran, den Leviten eine un-
abhängige Stellung zu verschaffen, und er setzte es auch durch,
nicht nur dass der Zehnte des Bodenertrages ausschliesslich
den Leviten überlassen, sondern dass ihnen auch das Recht eingeräumt wurde, die Verzehntung im ganzen Lande selbst vorzunehmen, damit sie nicht von irgend jemand in ihren Gebühren gekürzt werden könnten. Hinsichtlich der Priesterab-
gaben blieb es bei dem alten Herkommen, dass nicht die
Ahroniden selbst diese Abgaben erhoben, sondern dass sie ihnen
von den einzelnen Israeliten gebracht wurden. Nur ward, um
eine gleichmässige Verteilung zu ermöglichen, die Einrichtung
getroffen, dass die Gaben nicht mehr den einzelnen Priestern
zugewandt, sondern in eigens hierzu errichteten Vorratskammern aufbewahrt wurden. Dass man den Leviten bei ihrer
Einhebung des Zehnten einen Ahroniden zur Beaufsichtigung
an die Seite gab, erklärt sich einerseits aus dem gespannten,
unfreundlichen Verhältnisse, das zwischen den beiden Ständen
obwaltete und ein leicht erklärliches gegenseitiges Misstrauen
hervorrief, andererseits aber auch aus der Notwendigkeit, die
Autorität der Priester bei dem Landvolke, das nur selten nach
Jerusalem zur Opferstätte kam, nicht gänzlich schwinden zu
lassen; denn sonst hätte es leicht dahin kommen können, dass
die Priester dem Volksbewusstsein entfremdet und auch in den

priestern; direkt priesterliche Namen, d. h. solche, die wir nur in den
Priestervorzeichnissen vorfinden, sind gar nicht darunter. Auch würde Nech.
8, 4 der Zusatz הכהנים sicher nicht gefehlt haben, wenn es sämtlich Ahroniden gewesen wären. Es waren aber angesehene Männer aus dem Volke,
die Esra zur Erhöhung der Feierlichkeit auf der Tribüne zu seiner Seite
postiert hatte, darunter wohl auch einige Priester, sicherlich aber nicht ausschliesslich Ahroniden; denn eine solche vom Gesetze nicht direkt gebotene
Auszeichnung der Priester passt gar nicht in das System Esras und widerspricht seinen sonstigen Massnahmen.

ihnen gesetzlich gebührenden Sporteln benachteiligt worden
wären. Jedenfalls aber war durch die auf Betreiben Nechemias
durchgeführten Einrichtungen der Levitenstand in seiner sozialen
Stellung sehr gehoben und hatte ein Recht erlangt, um welches
ihn die Priester wohl beneiden durften.[1]

Daher benutzten diese die Abwesenheit Nechemias am
persischen Hofe — Esra lebte wohl damals nicht mehr —, um
neben verschiedenen anderen von ihm getroffenen Anordnungen
auch die zu Gunsten der Leviten neu geschaffenen Institutionen
wieder zu beseitigen; denn diese waren ihnen ganz besonders
ein Dorn im Auge. Das Volk, welches sich ohnehin für die
den Leviten eingeräumten Machtbefugnisse nicht zu erwärmen
wusste, weil es hierdurch zu peinlich gewissenhafter Entrichtung des Zehnten angehalten wurde, liess sich leicht bewegen,
an der Abschaffung der verhassten Neuerung mitzuwirken.
Manche Übergriffe und Ungerechtigkeiten mögen von seiten
der Leviten bei der Einhebung des Zehnten vorgekommen sein
und die Gemüter der Bevölkerung gegen sie verbittert haben.
So viel steht jedenfalls fest, dass die Abwesenheit Nechemias
die Leviten um das Vorrecht der selbständigen Zehntenein-
hebung brachte, und dass es auch in der Folgezeit nicht mehr
möglich war, dieses Recht für sie zurückzuerobern. Alles, was
Nechemia nach seiner Rückkehr durchzusetzen vermochte, war
die Erzielung einer grösseren Bereitwilligkeit hinsichtlich der
Lieferung der Abgaben für die Priester und Leviten. Aber
die letzteren mussten sich von nun an ebenfalls damit zufrieden
geben, dass das Volk aus freien Stücken die Abgaben in die
Vorratskammern lieferte. Die Beaufsichtigung derselben, sowie
die Verteilung der Gebühren an die Priester und Leviten wurde
einer aus Ahroniden, Leviten und Schriftgelehrten gebildeten
Kommission überwiesen, der in ihrer ersten Zusammensetzung
wenigstens eine unparteiische Handhabung nachgerühmt werden konnte.[2]

Es darf als feststehend angesehen werden, dass der religiöse und sittliche Verfall, der sich in Judäa während der
kurzen Abwesenheit Nechemias in so erschreckender Weise
geltend machte, hauptsächlich auf das pflichtwidrige Verhalten
der Priester zurückzuführen ist, die durch ihre eigenmächtige,
nur Parteizwecken dienende Interpretation der Thora eine be-

[1] Nech. 10, 38—40.
[2] Nech. 13, 12. 13.

klagenswerte Begriffsverwirrung hervorbrachten. Das Volk
war von früher her noch immer daran gewöhnt, sich die Belehrung von den Priestern zu holen,[1]) die Zahl der Schriftgelehrten war noch zu gering, ihr Ansehen beim Volke noch
nicht befestigt genug, als dass sie, was ihnen später ja völlig
gelang, den Ahroniden die Lehrbefugnis hätten streitig machen
können. Dazu boten diese alles auf, um sich ihr Vorrecht zu
sichern und namentlich die Leviten nicht aufkommen zu lassen.

Dass die Priester es gewesen, welche die Volksstimmung
zu Ungunsten der Leviten beeinflusst und diese dadurch in
ihren Einkünften geschädigt hatten, geht aus Nech. 13, 7—13
klar hervor. Von dem Oberpriester Eljaschib war die dem
nechemianischen System feindlich gesinnte Bewegung ausge-
gangen, und die Leviten, welche schon mit Rücksicht auf ihren
Vorteil sich zu Verteidigern der von Nechemia getroffenen Einrichtungen aufwarfen und die Zulassung samaritanischer, am-
monitischer und anderer fremder Elemente zu verhindern
suchten, wurden rücksichtslos bei Seite geschoben und in ihren
Sporteln derartig verkürzt, dass sie sich aus Mangel an Lebens-
unterhalt gezwungen sahen, zum grossen Teile die Hauptstadt
zu verlassen und sich auf dem Lande ihr tägliches Brot zu
suchen. Die Entrichtung des Zehnten wurde gänzlich einge-
stellt, worüber Nechemia nach seiner Rückkehr in bittere Klagen
und heftige Vorwürfe ausbricht. Freilich hatten die Priester
nicht bedacht, dass sie durch ihr pflichtwidriges Verhalten
auch sich selbst grossen Schaden zufügen mussten. Denn wenn
dem Volke die Erfüllung seiner Obliegenheiten gegen die Leviten als unwichtig und unnötig bezeichnet wurde, so nahm
dieses in natürlicher Konsequenz es auch mit den Priesterab-
gaben nicht so genau und machte sich kein Gewissen daraus,
auch die Priesterhebe für sich zu behalten. Aus Mal. 3, 8 erfahren wir, dass Priester und Leviten unter dieser Vernachlässigung zu leiden hatten, und wenn Nechemia[2]) das den
Priestern zugefügte Unrecht nicht mit erwähnt und seine sittliche Entrüstung nur über die unwürdige Behandlung der Leviten laut werden lässt, so will es scheinen, als ob er den
ersteren, die an der eingerissenen Verwirrung die Hauptschuld
trugen, die erlittene Benachteiligung als wohlverdiente Strafe
von Herzen gönnte.

---

[1]) Mal. 2, 7.
[2]) Nech. 13, 9.

Nur wenn wir das gespannte, ja feindselige Verhalten der Priester gegen die Leviten ins Auge fassen, erlangen wir das richtige Verständnis für Mal. 2, 1—10. Die Strafrede, die der Prophet den Priestern hält, gipfelt in dem Vorwurfe, dass sie den Bund Gottes mit Levi gebrochen und dadurch den göttlichen Zorn auf sich geladen haben. Absichtlich hebt er mehrmals den „Bund mit Levi" hervor, spricht überhaupt von Levi mit einer Anerkennung, mit einer Lobpreisung seiner Verdienste, wie wir sie in diesem Masse in der ganzen Bibel kaum wiederfinden. Levi wird hier als eine von jedem Unrechte freigebliebene, mit den höchsten Vorzügen des Geistes und des Herzens ausgestattete Persönlichkeit geschildert; denn nur auf den Stammvater, nicht aber auf den ganzen Stamm Levi kann sich eine so schmeichelhafte Bezeichnung beziehen. Es scheint dem Propheten die Persönlichkeit Ahrons, auf den auch die Tradition diese Verse bezieht, vorgeschwebt zu haben, aber absichtlich hat er statt Ahron den Ausdruck Levi gewählt, weil ihm daran lag, auch die Leviten, die von den damaligen Priestern in ihrer Stellung so sehr herabgedrückt waren, als miteingeschlossen in den Bund zu bezeichnen. Auch sie gehören nach seiner Darstellung zu den Nachkommen des Mannes, mit dem Gott seinen Bund errichtet, und sie zurückdrängen heisst, eine Treulosigkeit gegen „diesen zu unserer Väter Zeit gestifteten Bund" begehen. Geschickt versteht es der Verfasser, der möglicherweise selbst ein Levit war, das Verhalten der Priester gegen die Leviten, welches sie ja nur durch eine willkürliche Deutung der Schrift zu rechtfertigen vermochten, zugleich mit ihrem ungerechten, parteiischen Verfahren gegen das ganze Volk zu geisseln. Dadurch entgeht er dem Vorwurfe, dass er einen allzu exklusiven Standpunkt einnehme und nur zu Gunsten der Leviten rede; diese aber — das konnte den Zeitgenossen nicht entgehen — hatte er besonders im Auge, und die vorwurfsvolle Frage[1]): „Warum sollen wir treulos handeln einer gegen seinen Bruder?" bezieht sich in erster Reihe wohl auf die Treulosigkeit der Priester gegen die Leviten. Von diesem Treubruche geht er dann mit einer dasselbe Wort בגד benützenden Redewendung zu einem anderen durch die Nachahmung des bösen Beispiels der Priester vielfach verübten Treubruche, zur Heimführung ausländischer

---

[1]) Mal. 2, 10.

Frauen über. Unmöglich aber kann man, wie es viele Exegeten thun, das im Vers 10 vorkommende בגאֵתיו איש auf das
Verhalten des Gatten zur Gattin beziehen; denn es wäre mehr
als geschmacklos, sich hierbei eines solchen Ausdruckes zu
bedienen, da würde der Prophet jedenfalls eine andere Bezeichnung gewählt haben, wie er es im Vers 14 thut, wo er die
Gattin „das Weib deiner Jugend“, „deine Genossin, das Weib
deines Bundes“ nennt. Der „Gottesbote“, der von den Frommen erwartet wird, der „Engel des Bundes“, der plötzlich erscheinen wird, um Gericht zu halten, „wird die Söhne Levis
läutern, wie man Gold und Silber läutert; dann werden sie dem
Ewigen in Frömmigkeit Gaben darreichen.“[1]) Also auch hier,
wo doch von den eigentlichen Opferern die Rede ist, nennt
er die Priester nur „Söhne Levis“, offenbar in dem Bemühen,
die zwischen den beiden Klassen von Tempelbeamten ent-
standene gähnende Kluft zu überbrücken, die Ahroniden an
die gemeinsame Abstammung von Levi zu erinnern und sie
zu einem brüderlichen Verhalten gegen die Leviten zu ermahnen,
wohl auch in der Absicht, darauf hinzuweisen, dass den Leviten ja gleichfalls wichtige Befugnisse beim Opfern zustehen.

Nechemia trat nach seiner Rückkehr mit der ihm eigenen
Thatkraft gegen die entarteten Priester auf, veranlasste
zuvörderst die Leviten, nach Jerusalem zurückzukehren,
sammelte die Bessergesinnten unter den Ahroniden im Vereine
mit den Leviten um sich und suchte die durch die Schuld der
Priester beim Volke in Misskredit geratenen oder gänzlich ab-
geschafften religiösen Institutionen wiederherzustellen. Der
Widerstand der Priester war diesmal leicht zu besiegen, denn
sie hatten sich durch ihr unwürdiges Verhalten selbst ver-
ächtlich gemacht und ihr Ansehen beim Volke schwer geschädigt,
und ihre Verbindung mit fremden Volksgenossen konnte sicher
nicht dazu beitragen, ihnen eine höhere Würde zu verleihen.
Die Zahl der Gottesfürchtigen, deren auch bei Maleachi[2]) Erwähnung geschieht, war wohl nicht gering; denn die Bestrebungen Esras hatten ihre Wirkung auf die Volksseele nicht
verfehlt. Es waren nur manche mutlos geworden durch die
Wahrnehmung, dass die Übermütigen und Gottlosen ihre ver-
derblichen Pläne durchführen und ungestraft Böses verüben
konnten. Sobald aber Nechemia mit der ihm eigenen Energie

[1]) Mal. 3, 1—3.
[2]) Mal. 3, 16.

die alte Ordnung wiederherzustellen sich bemühte und rück-
sichtslos gegen die Gesetzesverächter vorging, stellten sich die
Bessergesinnten auf seine Seite und liehen ihm willig ihre
Unterstützung.

So musste es ihm denn in überraschend kurzer Zeit gelingen, den Leviten wieder eine angesehenere Stellung zu verschaffen und die ehrgeizigen Priester in ihre Schranken zu-
rückzuweisen. In einem Punkte musste er freilich der allgemeinen Volksstimmung Rechnung tragen, denn das Recht,
den Zehnten selbst zu erheben, konnte er, wie bereits erwähnt,
den Leviten nicht zurückerobern. Ein derartiger Versuch wäre
sicherlich an dem einmütigen Widerspruche des gesamten
Volkes gescheitert. Allein in anderer Hinsicht wusste er die
Leviten für den Verlust dieses Rechtes zu entschädigen, indem
er sie so viel als irgend möglich zu wichtigen Dienstleistungen
heranzog und ihnen in der Verwaltung einen hervorragenden
Platz anwies. Sie versahen die polizeilichen Befugnisse in der
Hauptstadt, hatten namentlich darüber zu wachen, dass der
Sabbath nicht mehr durch fremde, vorzugsweise tyrische, Kauf-
leute entweiht wurde, und man führte den Brauch ein, dass
die Leviten jedesmal vor dem Antritte des Dienstes sich
vereinigten, ebenso wie dies bei den Priestern vor dem Herantreten zum Altare geboten war. Auch hierdurch sollte die hohe
Bedeutung der levitischen Funktionen dem Volke anschaulich
gemacht und ihre Heiligkeit derjenigen der Priester fast gleichgestellt werden.[1)]

III.

Für den Augenblick konnten die Leviten sich mit ihrem
Lose zufrieden geben, und hätte man auf der von Esra und
Nechemia errichteten Grundlage weiter gebaut, so würde sich
aller Wahrscheinlichkeit nach im Laufe der Zeit ein brüder-
liches Verhältnis zwischen den beiden Klassen der Tempelbeamten herausgestellt haben, das für das gesamte religiöse,
politische und soziale Leben von dem segensreichsten Einflusse
hätte werden müssen. Aber die Einrichtungen Nechemias
beruhten zum grössten Teile nur auf der freien Vereinbarung,
welche durch seine Vermittelung und Autorität zu stande ge-

[1)] Nech. 13, 22.

bracht war, und hätten zu ihrer völligen Einbürgerung mehrerer
Jahrzehnte ruhiger Entwickelung bedurft.

Eine solche ruhige Entwickelung war jedoch dem jüdischen
Gemeinwesen nicht vergönnt. Die Männer, welche fortan an
der Spitze der Staatsverwaltung standen, waren nicht gleich
Esra und Nechemia von dem Geiste der Unparteilichkeit erfüllt, der die Wohlfahrt der Gesamtheit als oberstes Gesetz,
als die einzig gültige Richtschnur des Verhaltens erkennt.
Nechemia hatte keinen Nachfolger unter seinen Glaubens-
brüdern, die oberste Regierungsgewalt wurde wieder von persischen Satrapen ausgeübt. Diese aber dachten nur daran
sich zu bereichern und unterstützten daher stets diejenigen
in ihren Bestrebungen und ihren Ansprüchen, die ihrer Habgier
und ihrem Herrschgelüste am ehesten Befriedigung verschaffen
konnten, und das waren ohne Zweifel die Priester, namentlich
die Hohenpriester. Durch den theokratischen Zuschnitt, den
der nachexilische jüdische Staat erhalten hatte, war den Priestern
einmal eine bevorzugte Stellung eingeräumt, und sie setzten
allen Versuchen, ihnen dieselbe zu entreissen, einen energischen
Widerstand entgegen. Mit tiefem Ingrimm verfolgten sie die
von Esra und Nechemia zur Einschränkung ihrer Macht und
ihres Einflusses ergriffenen Massnahmen und bereiteten
ihrer Durchführung die grössten Schwierigkeiten. Nechemia
empfand grossen Kummer über diese feindselige Haltung,
wiederholt tröstete er sich mit dem erhebenden Bewusstsein,
das Beste seines Volkes gewollt zu haben und hofft, dass Gott
es ihm zum Guten gedenken werde;[1] ein Beweis, dass sein Verfahren vielfach heftige Opposition im Volke hervorgerufen,
dass man ihn wegen angeblicher Verletzung der priesterlichen
Vorrechte angefeindet, ihm die Zurücksetzung der Ahroniden
als eine Versündigung gegen das göttliche Gesetz angerechnet
hat. Denn wenn man auch nicht immer mit dem Verhalten
der Priester und den von ihnen ausgehenden Massnahmen
einverstanden war, so fügte man sich ihnen in der Regel
schliesslich doch und nahm für sie Partei, da sie als Diener
des Altars der Gottheit nahe standen und als heilig galten.
Und als nun nach dem Tode des letzten der den Juden günstig
gesinnten Könige die Satrapenwillkür an den Priestern ihre
Bundesgenossen fand, da vermochten die von dem Volke nicht

---

[1] Nech. 13, 14. 31.

genügend unterstützten Leviten gegen die Übermacht der
Priester nicht anzukämpfen und mussten sich die grössten
Demütigungen gefallen lassen.

Wie bereits erwähnt, war von Anfang an die Zahl der
Leviten im Verhältnis zu derjenigen der Priester eine sehr
geringe, und sie hat sich auch im Laufe der Zeit durch Zuzüge
nicht sehr vermehrt. Wenigstens ist uns über solche Levitenzuzüge nichts berichtet, und auch aus inneren Gründen ist es
mehr als unwahrscheinlich, dass die in der Gola zurückgebliebenen sich hätten veranlasst sehen sollen, nach Judäa aus-
zuwandern. Eine verschwindende Minorität vermag aber nur
äusserst schwer und nur unter besonders günstigen Verhältnissen sich Einfluss zu verschaffen. Und günstige Verhältnisse
waren für die Leviten — die kurze Zeit der Wirksamkeit
Esras und Nechemias abgerechnet — nicht vorhanden. Wollten
sie daher von den Priestern sich nicht ganz verdrängen lassen,
so mussten sie sich nach zuverlässigen Bundesgenossen um-
sehen, mit denen sie gemeinsame Interessen hatten, und auf
deren Unterstützung sie unbedingt zählen konnten. Diese boten
sich ihnen dar in den Sängern und Thorwärtern.

IV.

In welchem Verhältnis standen Leviten, Sänger und
Thorwärter ursprünglich zu einander? Wie und wodurch hat
sich das ursprüngliche Verhältnis umgestaltet? Nicht leicht
sind diese für das Verständnis der nachexilischen Kultusentwickelung höchst wichtigen Fragen, die bereits des öfteren
Gegenstand eingehender Untersuchungen gewesen sind, zu beantworten. Fest steht nur zweierlei: erstens, dass die Sänger
und Thorwärter an manchen Stellen der heil. Schrift von den
Leviten unterschieden werden, und zweitens, dass sie an anderen Stellen mit zu den Leviten gezählt werden und dass
später ihre Dienstleistungen die vornehmsten Funktionen der
Leviten ausmachten. Die Bücher Esra und Nechemia heben
fast überall den Unterschied zwischen den drei Ständen scharf
hervor, die Bücher der Chronik lassen ihn zurücktreten und
betonen nachdrücklich, dass die Sänger und Thorwärter Leviten sind.

Schon bei der Aufzählung der mit Serubabel und Josua
zurückgekehrten Familienhäupter[1]) werden zuerst die Israeliten,
dann die Priester, hernach die Leviten, hierauf die Sänger,
nach diesen die Thorwärter, endlich die Nethinim und die
Salomonssklaven genannt, welchen schliesslich diejenigen Israeliten und Priester angereiht werden, die ihre israelitische,
beziehungsweise priesterliche Abstammung nicht nachweisen
konnten. Dass die Sänger und Thorwärter mit zu den Leviten
gehören und nur im Range von den liturgischen Leviten
unterschieden seien, wie manche Exegeten annehmen, wird mit
keiner Silbe erwähnt. Der klare Wortlaut widerspricht vielmehr einer solchen Auffassung, da die verschiedenen Geschlechter
der Priester mit dem Gesamtnamen כהנים bezeichnet werden,
der Name Leviten aber, wo er vorkommt, immer nur den
eigentlichen, d. h. liturgischen Leviten, die auch mitunter
משרתים heissen, beigelegt wird, während die Sänger und Thorwärter stets unter besonderem Titel aufgeführt werden.[2]) Die
Unterscheidung zwischen Leviten einerseits und Sängern und
Thorwärtern andererseits findet sich überall in den Büchern
Esra und Nechemia wieder (mit Ausnahme von Nech. 11 und
12, 1—26). Sehr bezeichnend ist in dieser Hinsicht Nech. 12, 47:
„Und ganz Israel gab in den Tagen Serubabels und in den
Tagen Nechemias Gaben (מניות) an Sänger und Thorwärter,
den täglichen Bedarf an jedem Tage, und sie heiligten (מקדישים)
für die Leviten, und die Leviten heiligten für die Söhne
Ahrons." Aus diesem Satze geht hervor, dass die Sänger und
Thorwärter auch in ihren Sporteln von den Leviten unterschieden waren, sie erhielten tägliche Rationen zu ihrem Lebens-
unterhalte, die Leviten hingegen bekamen das Geheiligte. Die
Abgaben an die Sänger und Thorwärter werden nur als מניה
bezeichnet, d. h. mit einem Ausdrucke, der ebensowohl im
profanen wie im heiligen Sinne gebraucht werden kann.[3]) Dadurch wird angedeutet, dass die Empfänger eigentlich nur für
ihre Leistungen honoriert werden, aber selbst nicht als heilige,

---

[1]) Esra 2 und in der Parallelstelle Nech. 7.

[2]) Esra 2, 70 wird sogar bei der Aufzählung der einzelnen Klassen
zwischen den Leviten und den Sängern מן העם eingeschaltet, was auch als
Beweis gelten kann, dass man die Sänger und Thorwärter nicht zu den Leviten rechnete. Wenn in der Parallelstelle Nech. 7, 73 die Reihenfolge eine
andere ist, und auf die Leviten alsbald die Thorwärter und Sänger folgen,
so ist das wohl eine absichtliche Korrektur, die in späterer Zeit gemacht wurde.

[3]) I. Sam. 1, 4 und 5.

gottgeweihte Personen anzusehen sind, wie dies bei den Leviten der Fall ist. .Bei keiner ausserhalb des Tempels stattfindenden Feierlichkeit, bei keiner der grossen gottesdienstlichen Versammlungen am Wasserthore am ersten und zweiten des siebenten Monats, auch nicht bei der Bussversammlung am 24. desselben Monats, bei denen die Leviten in grosser Anzahl und in hervorragender Weise Verwendung fanden, wird den Sängern und Thorwärtern eine Rolle zugeteilt. Unter den 185 Unterzeichnern des Bündnisses, durch welches die strenge Einhaltung der übernommenen Verpflichtungen bezüglich der Mischehen gesichert werden sollte,[1]) befindet sich kein einziger einem Sänger oder Thorwärter eignender Name, woraus zu schliessen ist, dass man sie nicht wie die Priester und Leviten zu den „Häuptern des Volkes" zählte, oder diesen für koordiniert hielt. Es wird ihrer deshalb nur im Anhange Erwähnung gethan: „Und das übrige Volk, die Priester, die Leviten, die Thorwärter, die Sänger u. s. w."

Dass es trotz der strengen Scheidung manche Berührungspunkte zwischen Sängern und Leviten gab, versteht sich von selbst; sie alle hatten ja Tempelämter zu verwalten und waren daher auf einander ebenso wie auf die Priester angewiesen. So viel aber steht fest, dass in dem ersten Jahrhundert nach der Rückkehr aus dem Exile die Sänger und Thorwärter nicht als Leviten galten und im Range viel tiefer standen als diese. Später hingegen tritt der Unterschied immer mehr und mehr zurück. Die Chronik giebt sich ersichtlich Mühe, die levitische Abstammung der Sänger und Thorwärter nachzuweisen und sie unter die drei Tribus der Leviten, Gerschon, Kehath und Merari zu verteilen. Von den eigentlichen liturgischen Leviten ist in der Chronik weit seltener die Rede als von den beiden anderen Klassen; und wenn man die Sache genauer untersucht, so gewinnt man die Überzeugung, dass dieselben nur als historische Erinnerung festgehalten werden, in Wirklichkeit aber gar nicht mehr existierten. In der späteren Zeit gab es, wie der Talmud mehrfach bezeugt, überhaupt nur zwei Klassen von Leviten, Sänger und Thorwärter; die ehemals bevorzugte Klasse der liturgischen Leviten war gänzlich verschwunden. Es hat sich hier im Laufe der Zeit, und zwar in dem Jahrhundert nach Esra und Nechemia, ein Verschmelzungs- und

---

[1]) Nech. 10, 1—29.

Umwandlungsprozess vollzogen, dessen Wirkungen klar zu Tage liegen, dessen Ursache und Entwickelung aber nur in dem Kampfe zwischen Priestern und Leviten zu suchen, und zu dessen vollständigem Verständnis ein Zurückgehen auf den Ursprung der drei später mit den Leviten vereinigten Klassen von Tempeldienern unerlässlich ist.

Sänger und Thorwärter hat es schon im salomonischen Tempel gegeben, Leviten im Sinne von Numeri und in der nachexilischen Bedeutung des Wortes aber nicht, diese sind vielmehr erst von Ezechiel geschaffen worden. Man sollte meinen, der Umstand, dass in keinem der vorexilischen geschichtlichen Bücher — ausser an den Stellen, die den Stempel der Interpolation deutlich an sich tragen — von der Existenz und dem Dienste der Leviten die Rede ist, dass namentlich das Deuteronomium, über dessen Abfassungszeit unter den Gelehrten Übereinstimmung herrscht,[1] die Ausdrücke Priester und Leviten promiscue gebraucht und nur die Abstammung der Priester betont, dass Jeremia, der doch alle nur einigermassen bedeutenden Ämter und Volksklassen des öfteren aufzählt, der Leviten, die doch als wichtige Tempelbeamte nicht hätten übergangen werden können, nirgends Erwähnung thut: dies alles und die gar nicht misszudeutende Auseinandersetzung in Ez. (40 bis Ende) müsste so überzeugend wirken, dass eine Meinungsverschiedenheit über diese Institution nicht mehr obwalten könne und die Resultate der Untersuchungen von Graf, Wellhausen, Maybaum und anderen allgemein als zweifellos angesehen werden möchten.

Gleichwohl aber sehen wir, dass auch in der allerneuesten Zeit noch immer von gewissenhaften Bibelforschern die Behauptung aufrecht erhalten wird, es hätte schon vor Ezechiel Leviten zum Unterschiede von Priestern gegeben, und Ezechiel hätte nur die früher vielfach durchbrochene Rechtsordnung wiederhergestellt und als unabweisliche Norm für die Zukunft bezeichnet. Die Verteidiger dieser Anschauung können sich zwar dem Gewichte der von den Anhängern Graf's für die erst durch Ezechiel bewirkte Scheidung zwischen Leviten und Priestern vorgebrachten

---

[1] Die Differenz der Anschauungen über die Komposition des Deuteronomiums bezieht sich nur auf wenige Jahrzehnte, höchstens auf ein halbes Jahrhundert, ob es nämlich unter Josija, d. h. unmittelbar vor seiner Auffindung, oder schon unter Manasse verfasst worden sei. Kittel, Gesch. der Hebr. pag. 51 ff.

Gründe nicht entziehen, sie halten sich aber, so zu sagen, an
einem Strohhalm fest, um die vorexilische und vordeuteronomische ·
Abfassung des sogenannten pentateuchischen Priesterbuches
verteidigen zu können. Was soll es z. B. heissen, wenn Kittel[1])
über die Stellung des Deuteronomikers zu der Frage nach dem
Verhältnis der Priester und Leviten sich also äussert?

„Die beliebte Annahme, als bestimme D., die an den
„Höhenheiligtümern ausser Dienst und Brot gesetzten
„Leviten dürfen nach ihrem Belieben Priester in Jerusalem ·
„werden, hat in D. selbst keine Stütze. Eben damit auch
„die Annahme voller (man achte auf dieses Wort!) Gleich-
„berechtigung der Leviten mit den Priestern nicht. D.
„weiss zwischen den in Jerusalem ansässigen Tempel-
„priestern und den niederen Landleviten sehr wohl zu
„unterscheiden. Von einer beliebigen Übersiedelung und
„Aufnahme in die vornehme Klasse der Tempelpriester'
„weiss er kein Wort. Was er als billige Vergünstigung
„jenen Leviten zuerkennt, ist einzig, dass sie je und je (1),
„wenn einer der Ihren aus seinem Wohnorte im Lande
„nach Jerusalem kommt, an dem gerade stattfindenden
„Opferdienste mit ihren vornehmeren Brüdern teilnehmen
„mögen, im übrigen bleibt er, was er ist, und kehrt nach
„ein paar Tagen an seinen Ort zurück.“

Was hat denn Kittel durch solche Argumentation für seine
Ansicht bewiesen? Ich dächte doch, das gerade Gegenteil von
dem, was er beweisen wollte. Denn auch aus seiner Darstellung geht für das Verhältnis der Landpriester und jerusalemischen Priester nur hervor, dass D. den thatsächlichen Verhältnissen einigermassen Rechnung trägt, dass er nicht die
unmögliche Forderung stellt, die hauptstädtischen Priester, die
sich Jahrhunderte lang fast im ausschliesslichen Besitze des
Priestertums am jerusalemischen Tempel befunden hatten,
sollten nunmehr nach Abschaffung der Höhenheiligtümer zu
Gunsten der Landpriester abdanken und allen Vorrechten entsagen. Doch darauf kommt es bei der Beurteilung der Stellung
der Leviten und Priester durchaus nicht an, dass die ersteren
die volle Gleichberechtigung mit den letzteren haben, dass
sie eben so oft Priesterdienste versehen dürfen wie diese,
sondern es handelt sich um das Prinzip ihrer Zulassung zum

---

[1]) Gesch. der Hebr. pag. 111.

Opferdienste überhaupt. Eben die Bestimmung, dass die Leviten „je und je an dem Opferdienste in Jerusalem teilnehmen mögen“, lässt uns die jähe Kluft zwischen D. und
Ezechiel und noch mehr zwischen D. und dem pentateuchischen
Priesterbuche erkennen. Sind die in D. genannten Leviten
dieselben, die in Numeri als Gehülfen und Diener der Priester
bezeichnet werden? Haben sie überhaupt eine Ähnlichkeit mit
ihnen? Die deuteronomischen Leviten sollen aus Billigkeits-
gründen dann und wann zum Opferdienste zugelassen werden,
dann aber sollen sie wieder heimkehren und die jerusalemischen
Priester nicht weiter belästigen. Die Leviten bei Ezechiel und
in Numeri sollen beständig den niederen Dienst im Tempel
verrichten, aber niemals und unter keinen Umständen dem
Altare nahen. „Sie sollen deine (Ahrons) Hut bewachen und
die Hut des ganzen Zeltes, jedoch den heiligen Geräten und
dem Altare sollen sie nicht nahen, dass sie nicht sterben, sowohl sie als auch ihr.“[1] Der letzte Zusatz „als auch ihr“ will
es den Priestern als ein todeswürdiges Verbrechen anrechnen,
wenn sie die Leviten zum Opferdienste zulassen. Kann man
nun zwei so völlig verschiedene Kultusanschauungen in Paral-
lele bringen? Der Landlevit in D. ist Priester, der aber, weil
die jerusalemischen Priester sich voraussichtlich nicht verdrängen lassen werden, nur je und je von seinem Priestervorrechte Gebrauch machen kann. Der ezechielische Levit wird
zur Strafe für seine Abtrünnigkeit degradiert und für ewige
Zeiten vom Altare entfernt, der fortan nur den Priestern von
Jerusalem, den Söhnen Zadoks, gehört. Der Levit in Numeri
hat niemals Priesterrechte besessen, ist stets nur Diener des
Heiligtumes und der Priester gewesen. So und nicht anders ist
das Verhältnis der genannten drei Bücher inbezug auf die Leviten aufzufassen, und alle kleinlichen Versuche, an dieser
Thatsache zu rütteln, erweisen sich als vergeblich.

Wenn Kittel[2] seine Behauptung, dass die von Ezechiel
befürwortete Massregel gegen die Leviten nirgends von ihm als
etwas Neues hingestellt wird, damit erhärten will, einmal dass es
heisst:[3] „sie sollen mir nicht nahen“ und nicht: „sie sollen mir
nicht mehr nahen“, und zweitens dass die Priester als Söhne
Zadoks schon lange vorher von Ezechiel vorausgesetzt sind —

---

[1] Num. 18, 3.
[2] pag. 107.
[3] Ez. 44, 13.

„denn wäre ihre Degradation im Kap. 44 ganz neu, so könnte
sie nicht im Kap. 40 und 43 als bekannt angesehen werden"
— so hat er es den Gegnern seiner Anschauungen fast allzu-
leicht gemacht, ihn zu widerlegen. Denn auf das erstere ist
zu erwidern: Weil Ezechiel, wie damals alle Israeliten, auf dem
deuteronomischen Standpunkte steht,· dass aller Opferdienst
ausserhalb Jerusalems illegitim sei, so durfte er durch ein
ולא עוד — was Kittel mindestens erwartet — den Höhendienst
doch nicht auf gleiche Linie stellen mit dem Opferdienste in
Jerusalem; das wäre ja ein Zugeständnis an die Berechtigung
der Höhenaltäre gewesen, vor welchem Ezechiel sich ängstlich
zu hüten hat. Die Landpriester haben sich nach ezechielischer
Anschauung eben dadurch schwer vergangen, dass sie an un-
erlaubter Stätte geopfert, oder wie er, ihr Unrecht ver-·
allgemeinernd, sich ausdrückt, die Israeliten vor ihren Götzen
bedient haben. Das sollen sie büssen und deshalb in dem
wiederhergestellten· Staate, in welchem es natürlich keine
Höhenheiligthümer mehr giebt, nicht als gleichberechtigte oder
auch nur zeitweilig geduldete Priester neben den Söhnen Zadoks
fungieren, sondern vom Altare Gottes, d. h. vom Altare zu Jerusalem, zu welchem sie ja auch früher keinen Zutritt gehabt
hatten,[1]) gänzlich ausgeschlossen bleiben. Der zweite Einwand
Kittels, dass aus der schon Ez. 40 und 43 vorausgesetzten
Scheidung zwischen den Söhnen Zadoks als Altarpriestern und
den die Obhut des Hauses habenden Priestern zu schliessen
ist, dass die im Kap. 44 stark betonte Degradation der letzteren
nicht ganz neu sei, erledigt sich einfach damit, dass Ezechiel,
der bei der Schilderung der Tempelräume und Tempelgeräte auch
hinzufügen muss, für wen sie bestimmt sind, sich der Kürze wegen
vorläufig auf die Andeutung beschränkt, dass es in dem Zukunftstempel zwei wesentlich von einander verschiedene Priesterklassen geben solle, über welche dann das Nähere und Aus-
führlichere in einem späteren Kapitel auseinandergesetzt wird.
Ein neuerer Schriftsteller würde in einem solchen Falle etwa in
einer Anmerkung hinzugefügt haben: siehe weiter unten; im
übrigen aber würde er ebenfalls ohne Scheu eine Bezeichnung und Angabe, die später ihre Erklärung und Begründung
findet, schon in einem früheren Kapitel vorläufig erwähnen

---

[1]) Denn die Ausführung der deuteronomischen Bestimmung (18, 6 und 7)
war ja an dem Widerspruche der hauptstädtischen Priesterschaft gescheitert;
siehe II. Kön. 23, 9.

und sich darauf verlassen, dass der Leser das, was ihm für den Augenblick noch nicht völlig verständlich ist, in der später folgenden Darstellung finden wird. Aus der Erwähnung der Söhne Zadoks im Kap. 40 und 43 im Gegensatze zu den niederen Priestern auf die vorezechielische Scheidung zwischen Priestern und Leviten zu schliessen, ist jedenfalls gänzlich un- gerechtfertigt und entbehrt jedes inneren Haltes. Wie wäre es auch, wenn diese Trennung schon vor Ezechiel bestanden hätte, zu erklären, dass er die Priester niemals Söhne Ahrons, sondern stets Söhne Zadoks nennt? Was soll denn nach ihm mit den nichtzadokitischen Ahroniden geschehen, die in dem pentateuchischen Priesterbuche und in dem nachexilischen Schrifttume als vollwertige Priester gelten? Da hätten wir ja drei Klassen von Priestern: 1) die Altarpriester, d. h. die Za- dokiten, 2) die Diener des Hauses, d. h. die ehemaligen Land- und Höhenpriester, die sich nur widerrechtlich das Priestertum angemasst haben und jetzt wieder in ihre gesetzlichen, längst bestehenden Schranken zurückgewiesen werden, und 3) die übrigen ahronidischen, aber nicht zu den Nachkommen Zadoks zählenden Priester, die aber, obwohl an ihrer Legitimität nicht zu zweifeln ist, einfach tot geschwiegen werden und weder an den Funktionen der Zadokiten, noch an denen der Leviten teilhaben. Eine solche Annahme ist aber eine bare Unmög- lichkeit; der so ins Einzelne gehende Prophet kann eine wich- tige Priesterklasse nicht mit Stillschweigen übergehen, er muss, wenn er ihr ihre bisherigen Befugnisse nehmen will, dies motivieren, wie er es bei den übrigen Landpriestern thut, und sie in irgend einer Weise entschädigen. Da er dies unterlässt, dürfen wir mit Sicherheit annehmen, dass bis zu seiner Zeit ein Unterschied zwischen Ahroniden und Leviten, dessen ja auch im Deuteronomium keine Erwähnung geschieht, hinsicht- lich der Priesterberechtigung nicht vorhanden war, dass aber die Zadokiten als Funktionäre im Centraltempel ein so be- deutendes Übergewicht erlangt hatten, dass er es wagen darf, alle anderen Priester ihrer Altarvorrechte zu entkleiden und die Söhne Zadoks als ausschliesslich privilegierte Priester für den Zukunftstempel zu erklären. Mit dieser seiner Massregel drang er jedoch, wie im ersten Kapitel gezeigt wurde, nicht vollkommen durch.[1]) Die Zadokiten mussten einen Teil der ehemaligen

---

[1]) Auch bezüglich der Ehegesetze für die Priester wurden die ezechielischen Bestimmungen modifiziert; während Ezechiel allen Priestern

Landpriesterschaft, die Söhne Ebjathars oder Ithamars, in ihre
Reihen aufnehmen, und infolge der Erweiterung ihres Kreises
konnte auch der Name Zadokiten als Gesamtbezeichnung für
die Priester nicht mehr beibehalten werden, und es tritt an
seine Stelle der bis dahin gänzlich unbekannte Name „Söhne
Ahrons", der fortan nicht mehr verschwindet. Gerade die im
Gegensatze zu dem früheren und späteren Sprachgebrauche, —
im Gegensatze zu dem deuteronomischen הכהנים הלוים und dem
nachexilischen und dem pentateuchischen Priesterbuche eigentümlichen הכהנים בני אהרן — von Ezechiel gewählte Bezeichnung הכהנים בני צדוק liefert den bisher noch nicht voll ge-
würdigten, aber unwiderleglichen Beweis, dass die Scheidung
zwischen Priestern und Leviten im vorexilischen Israel nicht
bestand und erst ezechielischen Ursprungs ist.

Sänger und Thorwärter hat es aber schon vor Ezechiel
gegeben, wenigstens erwähnt er[1] eine Halle der Sänger. Über
die Liturgie im salomonischen Tempel sind uns freilich nur
dürftige Nachrichten aufbewahrt, und wir erfahren nur hie und
da gelegentlich das Eine und das Andere über die Handhabung
der Tempelordnung und des Kultus. Dass der Opferdienst
durch Gesang und Saitenspiel verherrlicht wurde, ist jedoch
mehrfach bezeugt und versteht sich bei der hohen Kultur-
entwickelung in Israel und Juda von selbst. Schon zu Davids
Zeiten hat es am Königshofe Sänger und Sängerinnen gegeben,[2] die Verfertigung musikalischer Instrumente während
Salomos Regierung wird ausdrücklich berichtet.[3] In Amos wird
wiederholt des Gesanges und Saitenspieles bei religiösen
Feierlichkeiten Erwähnung gethan, und aus dem Zusammenhange ergiebt sich, dass die Musik einen integrierenden Bestandteil des Opferdienstes bildete. So heisst es:[4] „Ich hasse,
verwerfe eure Feste, mag nicht riechen an euren Festversamml-
lungen. Wenn ihr auch Brandopfer bringt: ich habe an ihnen
so wenig als an euren Speiseopfern Wohlgefallen, und die
Bezahlung eurer Maststiere mag ich nicht ansehen. Schaffe

---

die Verehelichung mit Witwen ausser mit Priesterwitwen untersagt, gestattet das pentateuchische Priesterbuch dem gemeinen Priester die Verehelichung mit jeder, auch nichtpriesterlichen Witwe, verbietet aber dafür dem
Hohenpriester, eine Priesterwitwe zu nehmen.

[1] Ez. 40, 44.
[2] II. Sam. 19, 36.
[3] I. Kön. 10, 12.
[4] Amos 5, 21—24.

fort von mir das Getöne deiner Lieder, und das Spiel
deiner Psalter will ich nicht hören; es wälze sich vielmehr
wie Wasser das Recht und die Gerechtigkeit wie ein gewal-
tiger Bach." Auch Jesaias[1]) weist darauf hin, dass zur Festzeit
Prozessionen mit Gesang und Musik allgemein üblich waren.
Die Psalmen 42 und 43, deren Abfassung in die Zeit unmittelbar vor dem Exile, wahrscheinlich in die Regierungszeit Zidkijas fällt, lassen deutlich erkennen, dass die Festzüge unter
Gesängen und feierlichen Musikklängen stattfanden, und auch
aus anderen unzweifelhaft vorexilischen Psalmen lässt sich dasselbe nachweisen. Von Wichtigkeit für die Beurteilung des Kultus
im ersten Tempel ist der 137. Psalm, der im Exile oder spätestens
unmittelbar nach der Rückkehr der Exulanten verfasst ist.[2])
Er legt Zeugnis davon ab, dass „die Gesänge Zijons", die mit
der Harfe begleitet wurden, weithin berühmt waren und mit
grosser Kunstfertigkeit vorgetragen wurden. Ein so ausgebildeter
Gesang setzt berufsmässige Sänger voraus, die ihn ausüben
und pflegen. Ohne eine bestimmte Sängerklasse ist namentlich bei grossen Volksansammlungen, wie sie in den verschiedenen Heiligtümern, und ganz besonders im Tempel zu
Jerusalem des öfteren stattfanden, ein ordnungsmässiger, das
Gemüt erbauender Gesang nicht denkbar. Wir dürfen daher
annehmen, dass eine zahlreiche Volksklasse sich ausschliesslich
dem Sängerberufe widmete, und da alle Tempelämter in der
Regel erblich waren, so wurde auch die Pflege des Gesanges
in bestimmten Familien heimisch, die hiervon ihren Lebens-
unterhalt bezogen. Sie erhielten von den Tempelbesuchern
Spenden und Geschenke, wurden auch wohl von den Priestern
und Tempelschatzmeistern für ihre Leistungen besoldet.

---

[1]) Jes. 30, 29.
[2]) Die Annahme, dass der 137. Psalm erst in der makkabäischen
Periode entstanden sei, etwa zur Zeit Johann Hyrkans, als ein grausamer
parthischer Statthalter Babylonien verwüstete, ist durchaus unwahrscheinlich.
Die Erinnerung an die Zerstörung Jerusalems, an die Schadenfreude der
Edomiten ist in der Seele des Dichters noch so lebendig, der Schmerz darüber. dass Israel auf fremdem Boden weilen muss, tritt noch so gewaltig
hervor, der Durst nach Rache für die von den Feinden bewiesene Grausam-
keit und Schonungslosigkeit macht sich mit solch elementarer Kraft geltend,
dass unmöglich ein Zeitraum von mehreren Jahrhunderten zwischen den in
dem Psalm geschilderten Ereignissen und seiner Abfassung liegen kann.
Man ist daher voll berechtigt, aus diesem Psalm auf die gesanglichen Verhältnisse im salomonischen Tempel Rückschlüsse zu ziehen.

Ähnlich war es mit der Aufsicht über das Heiligtum, mit der Tempelpolizei und sonstigen auf die Aufrechterhaltung der Ordnung abzielenden Funktionen bestellt. Auch hier hatte sich allmählich eine privilegierte Kaste gebildet, die ihre eigenen Oberen besass und keinen Fremden zu diesen Ämtern zuliess. Eine mehrhundertjährige Zugehörigkeit zu dieser Berufsklasse verlieh ihren Mitgliedern eine Gewandtheit in der Ausübung der betreffenden Dienstleistungen, sie hatten ebenso wie die Priester ihre Tempelordnungen und Rangabstufungen, die sich traditionell erhielten, und waren mit der Zeit für die ungestörte Entwickelung des Kultus unentbehrlich. Ohne Rücksicht auf ihre Abstammung bezeichnete man die dem Gesange und der Tempelbewachung sich widmenden Funktionäre in späterer Zeit bloss als Sänger und Thorwärter (משוררים ושוערים). Auch während des Exils hielten sie an ihren Vorrechten fest, und selbst Ezechiel schrickt davor zurück, dieselben anzutasten. Wenigstens finden wir nicht, dass er auch nur eine einzige ihrer Funktionen den Leviten überträgt, so sehr er sich auch sonst bemüht, die Dienstleistungen der ehemaligen Höhenpriester zu amplifizieren. Er hatte ja in der That keinen Grund, die Sänger und Thorwärter, welche treue Gehülfen der Zadokiten gewesen waren, in ihren Rechten zu beschränken und ihre Stelle an ungeübte, mit dem Kultus nicht vertraute Beamte zu vergeben.

Als die Juden von Cyrus die Erlaubnis zur Rückkehr nach Palästina erhielten, schlossen sich die Sänger und Pförtner in corpore ihnen an, da sie es für selbstverständlich erachteten, dass ihnen in dem neu zu errichtenden Tempel die von ihren Vätern ausgeübten Funktionen wieder übertragen würden. 128 Sängerfamilien und 13̄9̄ Thorwärter werden unter den mit Serubabel Hinaufziehenden aufgezählt, und es scheint nicht, als ob noch ein irgendwie beträchtlicher Teil von ihnen im Exile zurückgeblieben wäre. Wenigstens befanden sich unter den mit Esra in Judäa eingewanderten Kolonisten keine Sänger und Thorwärter, während uns ausdrücklich mitgeteilt wird, dass von den Tempelsklaven, den נתינים, noch 220 mit Esra hinaufgezogen seien. Da dieser bei seiner Einwanderung grossen Wert darauf legt, alle Stände, namentlich aber alle Tempelfunktionäre in seiner Kolonie vertreten zu sehen, so würde er sicherlich ebenso, wie er bestrebt war, „Diener für das Haus unseres Gottes" zu gewinnen, auch Sänger und Pförtner zu erwerben

— 39 —

sich bemüht haben, wenn noch eine nennenswerte Anzahl derselben in Babylonien zurückgeblieben wäre. Das Stillschweigen
über diese für den Tempeldienst so wichtigen Beamten berechtigt daher zu der Schlussfolgerung, dass sie bereits sämtlich
mit Serubabel eingewandert waren. Wohl heisst es Esra 7, 7:
„Es zogen herauf von den Söhnen Israels und von den Priestern
und Leviten und Sängern und Thorwärtern und den Nethinim
u. s. w.;" aber auf eine solche Collektivaufzählung, in welcher,
sozusagen, stereotyp alle Klassen der Israeliten angegeben
werden, ist nichts zu geben, wie gerade diese Stelle schlagend
beweist; denn die Leviten sind ja hier auch genannt, und wir
wissen doch,[1] dass auch nicht ein einziger Levit sich unter
den Auswanderern befand. Erst später[2] wird uns mitgeteilt,
dass eine kleine Anzahl Leviten und eine grössere Zahl
Nethinim sich Esra anschloss, während die Sänger und Thorwärter gänzlich unerwähnt bleiben.

Lange Zeit hindurch behaupteten die Leviten ihren Vorrang vor den Sängern und Thorwärtern, sie waren die liturgischen Gehülfen der Priester und führten als solche den Titel
משרתים (λειτουργοῦντες). Aber je mehr sie von den Priestern
zurückgedrängt und von der Beteiligung an den heiligen Handlungen gewaltsam ausgeschlossen wurden, desto mehr näherten
sie sich den niederen Tempelbeamten, die gleich ihnen unter
dem Übermute der Ahroniden zu leiden hatten, und denen die
Bundesgenossenschaft der Leviten sehr gelegen kam. Die
Sänger waren ohnehin infolge der Kultusentwickelung beim
Volke im Ansehen sehr gestiegen, der liturgische Gesang, der
dem Opferwesen eine erhöhte Weihe verlieh, wurde mehr und
mehr vervollkommnet. Nicht nur während der vorbereitenden
Handlungen, sondern während des Blutsprengens und Fett-
räucherns, wie überhaupt bei den allerfeierlichsten Anlässen
wurden Psalmen angestimmt, und die Dienstleistungen der
Sänger mussten daher den Besuchern des Tempels mindestens
ebenso wichtig und bedeutungsvoll erscheinen, wie diejenigen
der liturgischen Leviten. Es mag den Leviten Überwindung
genug gekostet haben, mit den Sängern ein Bündnis zu
schliessen, durch welches diese die Ebenbürtigkeit mit ihnen
erhielten; aber die harte Notwendigkeit zwang sie hierzu.
Hätten sie es über sich vermocht, den ihnen von Esra ange-

[1] Esra 8, 15.
[2] Esra 8, 20.

wiesenen beschwerlichen, aber höchst ehrenvollen Weg der
Schriftforschung zu betreten und zu ebnen, so würden sie selbst
gegen den Willen der Ahroniden durch das geistige Übergewicht bald einen. mächtigen Halt· im Volke gefunden und
die Einbusse, welche sie im Tempel erlitten hatten, durch einen
erhöhten Einfluss im sozialen und religiösen Leben reichlich
ersetzt haben. Allein hierzu konnten sie sich nicht· aufraffen,
ihr Ehrgeiz ging vielmehr dahin, als Tempelfunktionäre, und
nur· als· solche sich eine Machtstellung zu verschaffen. Die
Schriftforschung überliessen sie nichtlevitischen Israeliten
und versuchten, mit Hülfe der Sängerabteilung den ihnen von
den Priestern aufgezwungenen Kampf zum glücklichen Ende
zu führen.

Freilich konnten diesem Bunde auf die Dauer die Thorwärter nicht fern bleiben. Sie, die ein volles Jahrhundert hindurch mit den Sängern gleiche Interessen verfolgt und alle
Wechselfälle des Schicksals mit ihnen geteilt hatten, konnten
unmöglich von diesen jetzt preisgegeben werden, mussten vielmehr notwendigerweise an der Rangerhöhung teilnehmen,
durch welche jene zu Leviten gemacht waren. Vergebens
sträubten sich die liturgischen Leviten gegen die Aufnahme
der Thorwärter. Ehe sie sich's versahen, hatten diese die
Schranke durchbrochen, die gegen sie errichtet war, und
wurden allgemein als dritte Tribus der Leviten anerkannt. Die
Funktionen der verschiedenen Levitenabteilungen blieben zwar
getrennt,. aber alle drei Klassen·bildeten doch eine kompakte
Masse, die fest zusammenhielt und gemeinsam operierte. Wie
lange es gedauert hat, bis die Verschmelzung der Leviten mit
den Sängern und Thorwärtern eine innige und unauflösliche
wurde, lässt sich schwer bestimmen; es ist jedoch wahrschein-·
lich, dass dieselbe sich in wenigen Jahren vollzogen hat, denn
zu Esras und Nechemias Zeiten bestand noch eine vollständige
Scheidung zwischen den drei Klassen, und zur Zeit der Abfassung der Bücher der Chronik, d. h. gegen das Ende der
Perserherrschaft, ist die Vereinigung schon eine vollständige
und in das Bewusstsein des Volkes eingedrungene, weshalb der
Chronist von ihr auch schon als von einer vollendeten Thatsache reden darf, die seit uralter Zeit nicht anders gewesen
ist. Dass jedoch die Verschmelzung nicht auf einmal stattgefunden, sondern sich allmählich vollzogen hat, und dass
längere Zeit hindurch die Thorwärter noch keinen Anteil daran

hatten, geht aus dem höchst lehrreichen 11. Kapitel des Buches Nechemia klar hervor. Dieses Kapitel unterscheidet sich bezüglich der Auffassung des Verhältnisses von Leviten, Sängern und Pförtnern zu einander wesentlich von allen anderen Kapiteln der Bücher Esra und Nechemia. Während nämlich sonst fast überall[1]) in den genannten Büchern die Sänger und Thorwärter von den Leviten streng unterschieden werden, sind hier die Sänger, wenngleich noch von den ראשי הלוים, d. h. von den eigentlichen liturgischen Leviten auseinandergehalten,[2]) doch schon mit zu der Gesamtklasse der Leviten gezählt, während die Zahl der Thorwärter besonders angegeben wird, was besagen will, dass diese dem Verfasser noch nicht als Leviten galten, nicht einmal als Leviten niederen Ranges. In der Chronik hingegen[3]) verschwindet, obwohl der Verfasser unzweifelhaft dasselbe Verzeichniss benützt hat, welches dem Überarbeiter des Nechemiabuches vorlag,[4]) der Unterschied zwischen liturgischen Leviten und Sängern vollständig, und die Thorwärter erscheinen hier ebenfalls als mit zu den Leviten gehörend. Diese auffällige Thatsache lässt sich nur folgendermassen erklären. Als der Überarbeiter des Nechemiabuches die von Nechemia angefertigte Liste der Einwohner Jerusalems seinem Werke einfügte, hatte zwischen den Leviten und den Mitgliedern der Sängerklasse bereits eine solche Annäherung stattgefunden, dass man auch die letzteren schon mit zu den Leviten zählte und die ersteren sich damit begnügten, gewissermassen die Aristokratie unter ihnen zu repräsentieren und als „Levitenhäupter" eine prävalierende Stellung einzunehmen. So konnte er sämtliche in Jerusalem ansässigen Leviten und Sänger zusammenfassen und ihre Gesamtzahl, die 284 betrug, angeben, musste aber die in einer Anzahl von 172 in der heiligen Stadt wohnenden Thorwärter noch als eine gesonderte Beamtenklasse bezeichnen. Der Verfasser der Chronik hingegen, der in einer Zeit lebte, in welcher der Unterschied zwischen liturgischen Leviten, Sängern und Thorwärtern schon völlig

---

[1]) Die Esra 3, 10 als Leviten genannten „Söhne Asafs" sind ein späterer Zusatz, ursprünglich lautete die Stelle והלוים במצלתים. Siehe Nech. 12, 27, woselbst das Spielen der musikalischen Instrumente ebenfalls den Leviten, nicht den Sängern übertragen ist, die erst im folgenden Verse genannt werden.

[2]) Graetz, Gesch. d. Juden, Bd. 2, Note 11.

[3]) 1. Chron. 9, 1—19.

[4]) Siehe Bertheau, die Bücher der Chronik.

verwischt war, und der die Dreiteilung der Priestergehülfen nur noch als historische Erinnerung aufrecht erhielt, konnte, wenn er auch im allgemeinen bei der Aufzählung der in der nechemianischen Zeit in Jerusalem ansässig gewesenen Bevölkerung dasselbe genealogische Verzeichnis benützte, welches dem Überarbeiter des Nechemiabuches vorgelegen, doch die damals nicht mehr berechtigte und mit seinem System in Widerspruch stehende Sonderung der Levitenklassen nicht beibehalten. Er ändert daher den Inhalt insoweit, dass er die Bezeichnung ראשי הלוים gänzlich fortlässt, sämtliche Levitenfamilien der Reihe nach ohne weitere Benennung ihrer Funktionen aufzählt und nur noch bei den Thorwärtern ihren Titel erwähnt. Infolgedessen kann er, ohne den Bericht gänzlich umzugestalten, die bei den verschiedenen Tribus der Leviten angegebenen Zahlen nicht mehr verwerten, und er hält es für das Geratenste, die Anzahl der in Jerusalem ansässigen Levitenfamilien unerwähnt zu lassen, obwohl er bei den judäischen, benjaminitischen und ahronidischen Familien jedesmal die Zahl mit anfügt, und obwohl er sich sagen musste, dass der Leser seines Berichtes auch bei den Leviten eine Zahlenangabe erwarte.[1]

Die auffällige Thatsache, dass in Nech. 11 die liturgischen Leviten und die Sänger in einer Gesamtsumme vereinigt, die Thorwärter aber für sich besonders gezählt sind, ist den neueren Forschern zwar nicht entgangen, aber doch in ihrer Bedeutung

---

[1]) Dass der Chronist sich willkürliche Veränderungen des Berichtes gestattet hat, geht aus einem Vergleiche seiner Darstellung mit der von Nech. Kap. 9 klar hervor. Zunächst ist der Zusatz I. Chron. 9, 3 „und von den Söhnen Ephraim und Manasse u. s. w." nur eine Konsequenz der in der Chronik wiederholt vorkommenden Anschauung, dass nach dem Untergange des Reiches Israel ein Teil von Ephraim und Manasse sich Juda angeschlossen habe und dann auch nach der Rückkehr aus dem Exile mit den Judäern heimgekehrt sei. Der Glanz Jerusalems, welches die Metropole für ganz Israel sein sollte, wurde durch eine derartige Schilderung wesentlich erhöht, und darum trägt der Chronist kein Bedenken, diese beiden Stämme hier zu nennen, wenngleich in dem ursprünglichen Berichte ihrer nicht gedacht wurde. Wohlweislich begnügt er sich aber damit, ganz allgemein von den Söhnen Ephraim und Manasse zu sprechen, ohne die Namen und die Anzahl der diesen Stämmen angehörenden Familien anzugeben; denn da es sich um ein erst aus der jüngsten Zeit stammendes Verzeichnis handelte, musste er vorsichtig zu Werke gehen und sich vor detaillierten Angaben hüten, deren Unrichtigkeit ihm leicht hätte nachgewiesen werden können.

und Tragweite nicht erkannt worden. Graetz[1]) führt sie kurzweg auf ein Versehen zurück, er behauptet, Vers 18 sei versetzt
und die darin enthaltene Angabe beziehe sich auf die in Vers
15 und 16 genannten liturgischen Leviten. Allein diese Ansicht ist nicht haltbar; denn erstens wäre es zu eigentümlich,
dass der Bericht die Zahl der liturgischen Leviten und der
Thorwärter enthalte, die Anzahl der Sänger aber nicht, während doch grosses Gewicht darauf gelegt wird, Namen und
Zahl sämtlicher in Jerusalem zu Nechemias Zeit ange-
siedelten Familien genau zu bestimmen, „da die Thatsache der
Niederlassung jede anderweitige Legitimation überflüssig
machte."[2]) Sodann wird in diesem ganzen Kapitel, wie zuerst
Graetz richtig erkannt hat, der Ausdruck לוים allgemein für alle
Levitenklassen (oder besser für die liturgischen Leviten und die
Sänger) gebraucht, während die eigentlichen Leviten ראשי
הלוים genannt werden. Endlich wäre die Zahl 284, bezöge sie
sich nur auf die Leviten im engeren Sinne, eine viel zu grosse.
Denn es werden als mit Serubabel zurückgekehrt übereinstimmend
in den Büchern Esra[3]) und Nechemia[4]) im ganzen 74 liturgische
Leviten angeführt, und die Zahl der Sänger wird an der einen
Stelle mit 128, an der anderen mit 148 normiert. Mit Esra
sind 38 Leviten eingewandert, von einer Einwanderung von
Sängern und Thorwärtern wird nichts berichtet. Die letzteren
werden auch an unserer Stelle mit 172 angegeben, d. h. um
32 oder 33 mehr, als das Verzeichnis der unter Serubabel Zurückgekehrten angiebt. Wenn wir erwägen, dass die Priester
bei ihrer Einwanderung mit Serubabel 4289 Familien stark
waren, dass mit Esra zwei neue Geschlechter hinzukamen, und
dass trotzdem die Zahl der in Jerusalem ansässigen Ahroniden
nach der höchsten Schätzung[5]) nur 1760, nach einer anderen[6]) nur
1192 beträgt, so erscheint die Nech. 11, 18 für die beiden
Levitenklassen — die Leviten und Sänger — angegebene Zahl
von 284 schon als eine recht beträchtliche, aber nur für die
liturgischen Leviten berechnet, wäre sie viel zu gross. Man
müsste sonst an die von einigen Forschern[7]) ersonnenen, aber

---

[1]) Bd. II b, pag. 423.
[2]) Gaertz a. a. O.
[3]) Esra 2, 40.
[4]) Nech. 7, 43.
[5]) I. Chron. 9, 13.
[6]) Nech. 11, 10—14.
[7]) Maybaum: Entwickelung des alt-israelitischen Priestertumes.

durch kein geschichtliches Moment bestätigten Levitenzuzüge glauben, die in der für die Leviten so ungünstigen Zeit nach Esra stattgefunden haben sollen. Viel einfacher und der Situation entsprechender ist jedenfalls die von uns aufgestellte und durch den Wortlaut unseres Kapitels unterstützte Behauptung, dass zu der Zeit, als das Verzeichnis der in Jerusalem wohnhaften Bevölkerung dem Nechemiabuche einverleibt wurde, die Sänger bereits mit zu den Leviten gerechnet und nur noch in der Rangabstufung von ihnen unterschieden wurden, während die Thorwärter damals noch in einem sehr losen Zusammenhange mit den Leviten standen und noch nicht mit dem Gesamtnamen Leviten bezeichnet wurden. Später aber wurden auch sie levitisiert und bildeten im Vereine mit den liturgischen Leviten und den Sängern eine einzige durch die Gemeinsamkeit der Interessen eng verbundene Klasse.

V.

Es leuchtet ein, dass die Macht des so erweiterten Levitenstandes jetzt eine viel grössere wurde, als sie bisher gewesen war. Wie eine geschlossene Phalanx, deren Reihen nicht leicht zu durchbrechen waren, stellten die Leviten sich jetzt den Ahroniden entgegen und versuchten zunächst, sich alle die Rechte zurückzuerobern, die sie zu irgend einer Zeit besessen hatten. Das Schlachten der Opfertiere, sowie alle Verrichtungen, die nicht direkt und ausschliesslich den Priestern übertragen waren, nahmen sie für sich in Anspruch. Der ganze Kultus erhielt, so zu sagen, ein levitisches Gepräge. Alle Anordnungen im Tempel wurden durch sie getroffen, die Tempelpolizei war in ihren Händen, sie öffneten und schlossen die Tempelthüren, die Opfernden hatten sich zunächst an sie zu wenden, und die Ahroniden traten erst von der Blutsprengung an in Thätigkeit. Bei den Mahlopfern, die besonders in der Festzeit die zahlreichsten aller Opferarten waren, blieben die Priester auf das Blutsprengen beschränkt; denn auch das Kochen der Mahlopfer übernahmen die Leviten, denen alle diese Funktionen bereits von Ezechiel überwiesen waren.[1] Auch im staatlichen und gesellschaftlichen Lehen wussten die Leviten ihre Stellung zu verbessern, die Richter- und Beamten-

---

[1] Folgt aus II. Chron. 30, 16. 17; 35, 11 und anderen Stellen.

stellen wurden grösstenteils aus ihren Reihen besetzt, auch
kam ihnen die Kenntnis der Liturgie und der liturgischen
Gesänge und ihre Vertrautheit mit dem Gebetritus sehr zu
statten. Man brauchte für die vielen Synagogen in der Hauptstadt und den grösseren Landstädten Vorbeter und Thoravor-
leser, und diese entnahm man in der Regel dem Levitenstande,
der sich hierzu ja auch vortrefflich eignete und sich für seine
Befähigung auf die Autorität Esras und Nechemias berufen
konnte. Mit Neid und Eifersucht sahen die Ahroniden der
wachsenden Macht der Leviten zu, konnten aber nichts gegen
sie ausrichten und mussten sich mit dem Scheine der Vor-
nehmheit und mit dem Nimbus begnügen, den sie nun einmal
als Gottgeweihte und Opferpriester seit Jahrhunderten um sich
verbreitet hatten. Die oberste Regierungsgewalt war zwar in
den Händen des Hohenpriesters, aber auch er war auf die
Leviten angewiesen, die als Richter und Beamte[1] es in ihrer
Hand hatten, ihm die Führung der Staatsgeschäfte zu erleichtern
oder zu erschweren.

Vielfache Reibungen fanden zwischen den Leviten und
Priestern statt, namentlich machten sich die ersteren die
schwierige Stellung zu Nutze, in welche der Hohepriester
Jochanan, der Sohn Jojadas, durch seine eigene Schuld geraten
war. Er hatte nämlich seinen Bruder Josua, der mit Hülfe
des persischen Satrapen Bagoses sich die Hohepriesterwürde
zu erwerben trachtete, im Tempel selbst ermordet und dadurch
grosses Unheil über Judäa heraufbeschworen. Angeblich um
seinen Schützling zu rächen, in Wahrheit aber, um unter dem
Scheine einer wohlverdienten Strafe Geld zu erpressen, rückte
Bagoses in Jerusalem ein und drückte das Volk durch unerhörte
Strafsteuern sieben Jahre hindurch.[2] Selbstverständlich litt
das Ansehen des Hohenpriesters, der durch seine Frevelthat
diese Kalamität über das Land gebracht hatte, ungemein unter
der Ungunst der Zeitverhältnisse, und den Leviten, die in allen
auf die Schwächung der priesterlichen Macht abzielenden Bestrebungen an Bagoses eine Stütze fanden, wurde es leicht, ihren
Einfluss zu vergrössern. Die Ahroniden, die sich durch ihren
Übermut die Liebe des Volkes verscherzt hatten, konnten dem
Andringen des Levitenstandes keinen energischen Widerstand
entgegensetzen, mussten es vielmehr ruhig mit ansehen, wie

[1] I. Chron. 23, 4. II. Chron. 19. 8. 11.
[2] Josephus, Altert. XI, 7, 1, Grätz II b, pag. 210 f.

dieser auf ihre Kosten seine Rechte immer mehr ausdehnte und sich geradezu eine Machtstellung eroberte.

Da aber wagten die Leviten, durch die bisherigen Erfolge kühn geworden, einen Schritt, der sie im Falle des Gelingens zu unumschränkten Herren der Situation gemacht und ihnen zu der bereits erlangten richterlichen und politischen Gewalt auch die religiöse Oberherrschaft verschafft haben würde, der aber, weil er misslang, sie um alle ihre Errungenschaften brachte und ihren Einfluss für immer zerstörte. Sie versuchten die Schranke zu durchbrechen, welche zwischen ihnen und den Ahroniden aufgerichtet und bislang auch gewissenhaft respektiert worden war. Sie verlangten Zutritt zu den eigentlichen Opferhandlungen, namentlich zur Darbringung des Räucherwerkes, oder mit anderen Worten, völlige Aufhebung des Unterschiedes zwischen Priestern und Leviten. Ob noch eine Erinnerung an die von ihren Vätern — oder richtiger von den Vätern eines Teiles von ihnen — ehemals ausgeübten priesterlichen Funktionen, deren sie erst durch Ezechiel verlustig gegangen waren, in ihnen lebendig geblieben war und sie bestimmt hat, ihr früheres Recht zurückzuerobern und die ihnen damals zugefügte Degradation zu beseitigen, ist sehr fraglich und wohl einfach zu verneinen. Denn der einstmalige Höhenkultus galt in jener Zeit allgemein als illegitim, und die Berufung auf denselben hätte ihnen keineswegs einen Rechtstitel verliehen, sondern wäre weit eher ein Hindernis bei der Geltendmachung ihrer Ansprüche gewesen. Aber ein anderes Moment, das sich erst wenige Jahrzehnte zuvor ereignet hatte, wahr wohl geeignet, sie in der Hoffnung auf eine glückliche Durchführung ihrer weitreichenden Pläne zu bestärken. Die Sänger und Thorwärter waren, ohne Widerspruch von Seiten des Volkes zu erfahren, levitisiert worden und erfreuten sich nach kurzer Zeit aller Rechte, genossen alle Vorteile und Auszeichnungen, die den ursprünglichen Leviten zu teil wurden. Wenn die Rangerhöhung dieser Klassen von Tempelbeamten, deren Dienstleistungen sich von denen der Leviten wesentlich unterschieden, so glatt von statten gegangen war; wenn die Leviten, die doch auch Ursache hatten, auf ihre Abstammung und ihre Vorrechte stolz zu sein, sich um ihrer Selbsterhaltung willen den Anschluss der Mitglieder einer untergeordneten Rangklasse hatten gefallen lassen müssen: warum sollte die Verschmelzung der Leviten mit den ihnen stammverwandten

Ahroniden nicht ebenso leicht bewerkstelligt werden, warum sollte die Opposition gegen diesen Umwandlungsprozess unüberwindlich sein? Und es verlohnte sich schon, zur Erlangung der Gleichstellung mit dem Priesterorden eine Zeit aufregenden Kampfes durchzumachen, der Siegespreis war verlockend genug. Winkte ja in hoffnungsreicher Ferne das hohepriesterliche Diadem mit den Attributen weltlicher und religiöser Herrschaft, die mit diesem hohen Amte verbunden waren. Zudem war das Volk den herrschsüchtigen Priestern nicht besonders wohlgesinnt. Das Priestertum war nicht mit fortgeschritten in der allgemeinen Entwickelung, welche die religiöse Idee des Judentums seit der Rückkehr aus dem Exile durchgemacht hatte. Die hohenpriesterlichen Familien zumal hatten vielfach den Unwillen aller Bessergesinnten hervorgerufen. Esra, Nechemia, Maleachi waren gezwungen gewesen, mit grosser Strenge gegen sie vorzugehen, hatten ihr unwürdiges Verhalten wiederholt getadelt und jede sich darbietende Gelegenheit benutzt, um unzweideutig darzuthun, dass sie in ihnen trotz der hohen Stellung, welche sie im Tempel- und Opferdienste einnahmen, nicht die eigentlichen Führer und Vertreter der Gesamtheit erblickten. Seit den Tagen Nechemias musste sich der Unwille des Volkes in noch höherem Masse gegen die Herrschsüchtigen Ahroniden kehren, und es bestand ein schroffer Gegensatz zwischen ihnen und allen wahren Volksfreunden. Der Bruderstreit zwischen Josua und Jochanan, der zur Ermordung des ersteren an heiliger Stätte führte, öffnete auch den Vertrauensseligsten die Augen und bewies, welch sittliche Entartung die priesterlichen Familien ergriffen, mit welcher Rücksichtslosigkeit sie ihre Sonderzwecke verfolgten, und wie sie vor den gewaltsamsten Mitteln nicht zurückschraken, um ihr Herrschgelüste zu befriedigen. Der nach Josephus' Bericht[1]) von dem persischen Feldhorrn Bagoses bei dem Betreten des Heiligtums gethane höhnische Ausspruch: „Bin ich nicht reiner als der Mörder im Tempel?" fand hinsichtlich der darin enthaltenen abfälligen Kritik des Hohenpriesters lebhaften Widerhall im Volke, und die schwere Busse, welche wegen der Blutthat Jochanans dem Lande auferlegt war und bei der Darbringung jedes Opferlammes von neuem empfunden wurde, konnte wahrlich nicht dazu beitragen, das Ansehen des die Schuld

---

[1]) Altert. XI, 7, 1.

an diesem Unglücke tragenden Priesterstandes in den Augen des Volkes zu erhöhen. .

Die allgemeine Missstimmung, sowie die für die Priesterherrschaft ungünstige politische Lage benutzten die Leviten, um den Hauptschlag gegen die Ahroniden zu führen und sich einen Anteil an den Priestervorrechten zu erobern. Es gelang ihnen auch, einen Teil des Volkes und der Schriftgelehrten auf ihre Seite zu bringen und sich einen achtunggebietenden Anhang zu verschaffen. Der Unzufriedenen gab es ja so viele, und eine Demütigung gönnte man den hoffärtigen Priestern allgemein; aber es war doch ein grosses Wagestück, die geheiligte Stellung der Ahroniden anzugreifen, welche trotz ihrer Unbeliebtheit als einzig berechtigt zum Opferdienste galten, und auf welche vom Altare des Herrn beständig ein weihender und verklärender Schimmer fiel. Das sahen die Leviten auch sehr wohl ein und beschränkten sich daher vorläufig auf die Forderung, bei der Darbringung des Räucherwerkes, welche den feierlichen Beschluss des Morgen- und Abenddienstes ausmachte, eine Verwendung zu erhalten. Diese heilige Handlung erfreute sich in jener Zeit einer besonderen Beliebtheit und erschien den Leviten darum vorzugsweise erstrebenswert. Gaben die Ahroniden hierin nach, dann konnten sie auch in allen anderen Punkten ihren Widerstand gegen das Vordringen der Leviten nicht mehr mit Aussicht auf Erfolg fortsetzen. Ein heftiger Kampf entbrannte, die Leviten, ihrer Macht sich bewusst, wollten um jeden Preis mindestens die Rauchpfanne bis zum Altare tragen und fanden sich eines Tages in grosser Zahl und in drohender Haltung im Tempel ein, um sich dieses Recht zu ertrotzen. Viele angesehene Israeliten schlossen sich ihnen an; der Bevormundung durch die Priester müde, gedachten sie mit Hülfe der Leviten selbst einen grösserenAnteil an der Staats- und Tempelverwaltung zu erhalten und durch ihren Einfluss und ihr Beispiel die grosse Menge gegen die Ahroniden aufzureizen. Aber im entscheidenden Augenblicke gelang es den hartbedrängten Priestern, den gewaltigen Sturm zu beschwichtigen. Die Schriftgelehrten, die sich in ihrer grossen Mehrheit dem Versuche der Leviten, eine gegen den Wortlaut der Schrift und gegen eine mehrhundertjährige geheiligte Tradition verstossende Neuerung einzuführen, widersetzten, stellten sich offen auf die Seite der Ahroniden, und die Leviten wurden nach heftiger, blutiger Gegenwehr besiegt.

Möglicherweise ist gerade damals ein Umschwung in den
politischen Verhältnissen eingetreten, der den Priestern eine
freiere Bewegung und ein entschlosseneres Auftreten gestattete. Wir sind aber über diesen Zeitabschnitt so wenig
unterrichtet, und die Quellen, aus denen wir schöpfen können,
fliessen so spärlich, dass sich über die Einzelheiten dieses
Kampfes nicht einmal Vermutungen anstellen lassen. Doch
dass er sehr erbittert gewesen ist, erhellt aus der Num. 15 und
16 mitgeteilten Empörung Korachs und lässt sich auch aus den
Massnahmen schliessen, welche von der siegreichen Partei zur
Bestrafung der Gegner und zur Verhinderung einer abermaligen
Auflehnung ergriffen wurden.

Was zunächst die Erzählung von der Empörung Korachs
betrifft, so ist es längst aufgefallen, dass im Deuteronomium,[1])
woselbst der Aufstand Dathans und Abirams und ihr Untergang erwähnt ist, nicht mit einer Silbe Korachs gedacht
wird, der doch nach dem Berichte von Numeri die Seele des
ganzen Aufstandes gewesen ist. Der Deuteronomiker konnte
freilich von einem Widerstreite zwischen Priestern und Leviten,
wie er in der Erzählung von Korach hervortritt, nichts berichten;
denn er kennt ja die Sonderung noch nicht, für ihn sind Priester
und Leviten identisch, und der ganze Stamm ist gleichmässig gottgeweiht, „die Bundeslade des Herrn zu tragen, vor dem Herrn
zu stehen und in seinem Namen zu segnen bis auf diesen
Tag.“[2]) Der Num. 16, 9 und 10 gemachte Unterschied, nach
welchem die Leviten abgesondert sind von der Gemeinde Israel,
„um den Dienst der Wohnung des Herrn zu verrichten und
zu stehen vor der Gemeinde, sie zu bedienen,“ ist ihm gänzlich
unbekannt. Die Empörung Dathans und Abirams hat also mit
der Geschichte Korachs nichts zu thun; es sind in Num. eben
zwei ganz verschiedene Begebenheiten, die lediglich das Moment
der Empörung gegen Moses gemein haben, mit einander ver-
schmolzen oder vielmehr lose an einander gefügt, wie sich bei
genauerer Prüfung leicht erkennen lässt. Wir haben es hier
nämlich fortwährend mit einer Doppelgeschichte zu thun. Anfangs[3]) ist nur von dem Verlangen der Leviten nach dem
Priestertum die Rede, und Moses wendet sich in seiner An-
sprache auch nur an diese, indem er ihnen zuruft: „Höret doch

[1]) Deuteron. 11. 6.
[2]) Deuteron. 10, 8.
[3]) Num. 16, 5—12.

ihr Söhne Levis!" Dann[1]) wird wiederum ausschliesslich von
Dathan und Abiram erzählt, darauf kehrt der Bericht unver-
mittelt wieder zu Korach und seinem levitischen Anhange
zurück,[2]) der mit Rauchpfannen versehen erschienen ist, und
Moses nimmt auch in seinem Gebete: „Der einzige Mann
sündigt, und auf die ganze Gemeinde willst du zürnen?" nur
auf Korach Bezug. Hernach[3]) begiebt er sich zu Dathan und
Abiram, und nur von diesen heisst es: „Sie standen am Eingange ihrer Zelte nebst ihren Frauen, ihren Kindern und ihrem
Gesinde." Wo Korach sich inzwischen befand, wird nicht berichtet. Bei dem Untergange der Rotte heisst es zwar:[4]) „Die
Erde verschlang sie nebst ihren Häusern und allen Menschen,
die zu Korach gehörten." Aber der Name Korach scheint hier
wie auch in V. 23 und 27 vom Ergänzer später eingefügt zu
sein, denn im Schlussverse des Kapitels wird mitgeteilt: „Ein
Feuer vom Herrn brach aus und verzehrte die 250 Mann, die
Darbringer des Räucherwerkes," eine mehr als eigentümliche
Bemerkung, nachdem der Untergang Korachs und seiner Rotte
schon erzählt ist, die jedoch verständlich wird, wenn wir annehmen, dass ursprünglich, als die beiden Erzählungen zu-
sammengeschweisst wurden, im V. 32 der Zusatz קרח לאשר sich
noch nicht vorfand. So viel ist jedenfalls klar, dass in die
Geschichte von Dathan und Abiram, welche schon der Deuteronomiker kannte, die Geschichte Korachs später eingeflochten
ist, so dass der eigentliche Grund der Empörung nicht mehr
klar hervortritt, indem es sich bald um die Gleichberechtigung
der Leviten mit den Priestern, bald um eine durch irgend eine
uns unbekannte Ursache hervorgerufene Auflehnung der Rube-
niten gegen die Führerschaft Moses' handelt.[5])

Zu welcher Zeit kann nun die Empörung Korachs der
jehovistischen Erzählung von Dathan und Abiram angereiht
sein? Unmöglich vor dem Exile, denn damals gab es noch
keine Leviten im späteren Sinne des Wortes; aber auch nicht
während des Exils, denn es ist nicht ein bloss theoretischer
Streit, der hier ausgefochten wird, sondern er hat einen greif-

[1]) Num. 16, 12—15.
[2]) Daselbst 16—22.
[3]) Daselbst 25—27.
[4]) Daselbst 32.
[5]) Siehe Geiger: nachgelassene Schriften IV, pag. 153, Urschrift pag. 83, Kittel pag. 198.

baren Inhalt, die Darbringung des Räucherwerkes. Zudem war
im Exile die Erinnerung an die frühere Stellung der zu Hierodulen erniedrigten Höhenpriester noch viel zu lebendig, als
dass ein Schriftsteller es hätte wagen können, ihre Fernhaltung
vom Altare als ein Gebot der von Anfang an von Gott ge-
wollten Ordnung zu bezeichnen und die Übertretung dieses
Gebotes als ein todeswürdiges Verbrechen erscheinen zu lassen,
das von der Gottheit selbst streng bestraft worden sei. Wir
sind also auf die Zeit des nachexilischen Judentums angewiesen.
Zu Beginn des zweiten Tempels nahmen die Leviten eine sehr
untergeordnete Stellung ein und konnten gar nicht daran
denken, gewaltsam gegen die Ahroniden vorzugehen. Jeder
Versuch, sich grössere Machtbefugnisse zu ertrotzen, wäre ein
lächerliches Wagestück gewesen, dessen Erfolglosigkeit ihnen
von vornherein nicht zweifelhaft sein konnte. Während der
Führerschaft Esras und Nechemias wurde der Levitenstand
zwar zu wichtigen Funktionen ausserhalb des Tempels heran-
gezogen und erhielt dadurch eine angesehene soziale Stellung,
aber nimmermehr hätte er bei Lebzeiten dieser beiden Eiferer
für die Gotteslehre den Versuch machen können, die durch
Gesetz und Herkommen ihm gezogenen Schranken zu durchbrechen. Der Priester Esra und der strenge Nechemia, der die
rechtmässigen Priester, welche ihren priesterlichen Stammbaum nicht glaubhaft nachzuweisen vermochten, von dem Genusse der Heiligtümer ausschloss, hätten solch revolutionärem
Unterfangen nimmermehr ihre Unterstützung geliehen, vielmehr
aufs schärfste dagegen angekämpft, und gegen den Willen der
Volksführer, die in der Frage der fremden Frauen ihre rücksichtslose Entschlossenheit sattsam dargethan hatten, konnten
die schwachen Leviten, deren Zahl damals noch sehr klein
war, den Priestern wahrlich nicht beikommen; das war ihnen
selbst am wenigsten unbekannt. Dass aber der Erzählung von
Korach irgend eine geschichtliche Thatsache zu Grunde liegt,
dass ein dem in jener Erzählung geschilderten ähnlicher Streit
wirklich stattgefunden hat oder zum mindesten auszubrechen
drohte, ist unzweifelhaft. Wie hätte sonst ein Schriftsteller
auf den absurden Gedanken kommen können, aus seiner
Phantasie künstlich einen Gegensatz zwischen den beiden
Klassen von Tempelbeamten zu konstruieren und eine Geschichte
zu erfinden, welche die Leviten notwendig verbittern, in ihrer
Würde und in ihrem Rechtsgefühl aufs tiefste verletzen musste?

4*

Die Leviten mit den berüchtigten Empörern Dathan und Abiram in Verbindung zu bringen, ja einen Leviten zum Rädelsführer der gegen den grossen Lehrer und Propheten sich auflehnenden Rotte zu machen und von einem furchtbaren göttlichen Strafgericht heimgesucht werden zu lassen: das konnte nur mitten in oder unmittelbar nach einem heftigen Parteistreite einem Priester in den Sinn kommen. Dieser Streit kann nur in der Zeit nach Nechemia, aber nicht später als während des Pontifikats des Hohenpriesters Jochanan I. stattgefunden haben. Nur damals, als die Leviten durch ihre Vereinigung mit den Sängern und Thorwärtern zu hoher Macht gelangt, sich wichtige Tempelfunktionen erobert und überhaupt eine angesehene soziale Stellung erlangt hatten, konnten sie mit Aussicht auf Erfolg den kühnen Versuch machen, Priestervorrechte zu beanspruchen und sich zunächst einen Anteil an der Darbringung des Räucherwerkes zu verschaffen.[1]

---

[1] Dass der Bericht von der Empörung Korachs noch vor dem Ende der Perserherrschaft verfasst ist, lässt sich indirekt durch die Chronik beweisen; denn diese, die nach übereinstimmender Annahme aller Bibelforscher in den letzten Jahrzehnten vor dem Eroberungszuge Alexanders des Grossen entstanden ist, spiegelt bereits Zustände wieder, die erst nach diesem Kampfe sich entwickelt haben.

Manche neueren Kritiker werden freilich durch die Konsequenz des einmal eingenommenen Standpunktes dazu getrieben, den Aufstand Korachs in die vorexilische Zeit zu versetzen. So sagt Kittel (a. a. O. 98): „Dass die Erzählung von der Rotte Korach gewisse Kämpfe zwischen Priestern und Leviten zum historischen Hintergrund hat, wird man kaum bestreiten können. Nun handelt es sich freilich dabei nicht direkt um die Einheit des Heiligtums, wohl aber indirekt. Denn jene Kämpfe mussten aufs engste mit der Verdrängung der Leviten aus dem Opferdienste, wie er die natürliche Folge der Zentralisation war, zusammenhängen. An nachexilische Verwickelungen zu denken (wie Kayser und Wurster thun) liegt kein Grund vor." Das Gewundene, ja das Unmögliche einer solchen Interpretation tritt klar hervor. Die Einheit des Heiligtums, die in vorexilischer, d. h. chiskijanischer oder josijanischer Zeit das Wichtigste war, bleibt in der Geschichte Korachs völlig unberücksichtigt und wird, obwohl sie damals das eigentliche Kampfobjekt bildete, mit keiner Silbe erwähnt. Von einer Verdrängung der Leviten aus dem Opferdienste ist in der Erzählung Korachs auch nicht im entferntesten die Rede, sondern vielmehr von einem Versuche der Leviten, die Vorrechte der Ahroniden zu beseitigen und sich selbst in die Priesterreihen einzudrängen. Moses macht ihnen ja den Vorwurf, dass es ihnen zu wenig sei, „den Dienst der Wohnung des Herrn zu verrichten, vor der Gemeinde zu stehen, um sie zu bedienen, und dass sie geradezu das Priestertum begehren." (Num. 16, 9 und 10). Es heisst darum die ganze Sache auf den Kopf stellen, wenn man die Empörung Korachs als Widerstand gegen eine

Um das Räucherwerk dreht sich vornehmlich der ganze Streit Korachs. Die 250 mit ihm verbündeten Leviten erscheinen ein jeder mit einer Räucherpfanne vor dem Eingange des Stiftszelts, und nach ihrem Untergange werden die nun einmal geheiligten Räucherpfannen als ein Geländer um den Altar verwendet „zur Erinnerung für die Kinder Israel, dass nicht ein fremder Mann, der nicht vom Stamme Ahrons ist, hintrete, um Räucherwerk vor Ihwh zu räuchern, damit er nicht werde wie Korach und seine Gemeinde." [1]

Das Räucherwerk war aber erst längere Zeit nach der Rückkehr aus dem Exile als ein wichtiger Bestandteil des Opferdienstes eingeführt worden. In den älteren biblischen Büchern finden wir es — ausser in den interpolierten Stellen — gar nicht erwähnt oder doch nur als etwas Nebensächliches bezeichnet, das keineswegs mit der Ola und den übrigen Opfern in gleichem Range steht. Wohl wurde neben anderen Spenden, neben Tier- und Mehlopfern auch Räucherwerk dargebracht, aber nicht als ständiges Opfer, sondern als freiwillige Gabe oder in Verbindung und zur Verherrlichung anderer Opfer. Amos, Jesaias und Ezechiel erwähnen des קטרת, aber alle betreffenden Stellen machen den Eindruck, dass das Räucherwerk in ähnlicher Weise wie das Öl, mit welchem es auch oft zusammen genannt wird, vorzugsweise zur Ausschmückung der Opferhandlung diente. Weder wird bei der Einweihung des salomonischen Tempels der Gebrauch des Räucherwerkes angeführt, noch enthält der Priesterkodex Ezechiels irgend eine Vorschrift über dasselbe, noch ist in den historischen Büchern der heil. Schrift bis auf die Chronik eine Spur von einem besonderen Räucheraltare zu entdecken. [2] Auch in dem Schreiben, welches der König Artachschast dem Esra einhändigt,

---

neue Einrichtung, als Ab- und Notwehr gegen die auf Erweiterung ihrer Macht gerichteten Bestrebungen der Ahroniden und nicht als einen gegen das Gesetz verstossenden und darum frevelhaften Ansturm gegen die geheiligte Position der Priester auffasst.

[1] Num. 17, 4.

[2] Denn dass der I. Könige 7, 48 erwähnte goldene Altar, den Salomo hat anfertigen lassen, ein Räucherwerkaltar und nicht ein vielleicht nur bei besonderen, feierlichen Gelegenheiten benützter Opferaltar gewesen ist, lässt sich durchaus nicht erweisen. Der Ausdruck קטרת kommt im Buche der Könige überhaupt nicht vor.

und in welchem, die für den Tempel zu Jerusalem auf Kosten der königlichen Kasse zu leistenden Beiträge aufgezählt und auch Wein und Öl genannt werden,[1]) hat das Räucherwerk oder irgend eine zu dem Räucherwerk zu benützende Spezerei keine Stelle gefunden, ein Beweis, dass damals dem Räucherwerkopfer keine Bedeutung beigelegt wurde. Erst in der Zeit nach Esra wandte man dem Räucherwerke eine erhöhte Aufmerksamkeit zu und räumte ihm einen hervorragenden Platz im Opferritus ein. Fragt man nach der Ursache dieser eigentümlichen Erscheinung, so wird sich bei sorgfältiger Erwägung aller Umstände wohl als das Wahrscheinlichste ergeben, dass die Einführung der gottesdienstlichen Handlungen in den Synagogen und die Amplifizierung der Gebete, wie sie von den Soferim bewirkt worden, die Priester veranlasst, ja gezwungen hat, auch den Tempeldienst zu verschönern und möglichst weihevoll zu gestalten. Es sollte den Besuchern des Centraltempels etwas geboten worden, was ihre Sinne gefangen nahm und den Aufenthalt im Heiligtume besonders wirkungsvoll machte. Der blosse Gesang, so gewaltig sein Eindruck auf das Gemüt auch war, genügte für diesen Zweck nicht; denn auch in den Synagogen wurden Gesänge angestimmt, und dazu war der Gesang keine priesterliche Dienstleistung, sondern er war den nicht zu den Ahroniden und ursprünglich auch nicht einmal zu den Leviten gehörenden Sängern übertragen. Das Aufwirbeln der Rauchsäule jedoch, die Verbreitung von Weihrauchduft und anderen Wohlgerüchen war ein überaus geeignetes Mittel, den Tempeldienst zu verherrlichen und seine Bedeutung in den Augen der Besucher zu erhöhen. Man kam· daher auf den Gedanken, tagtäglich im Morgen- und Abendgottesdienste dem Räucherwerke einen hervorragenden Platz einzuräumen und den Akt der Darbringung des Räucherwerkes unter ganz besonderen Feierlichkeiten zu vollziehen. Möglicherweise hat auch der Einfluss der iranischen Weltanschauung mitgewirkt, dass diese Form der Gottesverehrung sich so schnell bei den Juden einbürgerte und einen wesentlichen Bestandteil des Kultus ausmachte.

Im Gesetze war über die Darbringung des Räucherwerkes nichts vorgesehen. Alle Stellen der heil. Schrift, welche hierüber handeln, sind, wie sich leicht erweisen lässt, sehr späten Ursprungs und erst nach Austragung des Kampfes zwischen

---

[1]) Esra 6, 9.

Priestern und Leviten in die Bibel eingefügt worden.[1] Daher glaubten auch die letzteren, diese Funktion unbeschadet der sonstigen Vorrechte der Ahroniden für sich in Anspruch nehmen zu können, sie sollte ihnen wohl die Etappe bilden, von welcher aus sie weitere Eroberungszüge in das priesterliche Gebiet zu machen gedachten.

Aber wie bereits erwähnt, misslang der Ansturm der Leviten auf die Position der Ahroniden gänzlich, der Nimbus, der um das Haupt der Priester schwebte, zeigte sich im entscheidenden Augenblicke als ein so mächtiger Faktor, dass alle von den Leviten angeknüpften Verbindungen mit angesehenen und hervorragenden Männern vergeblich blieben und das Priestertum einen glänzenden Sieg erfocht. Mit e i n e m Schlage hatten die Leviten gehofft, in die eherne Mauer, die sich zum Schutze priesterlicher Vorrechte erhob, Bresche zu legen, und das Gegenteil hatten sie erreicht. Alle Vorteile der politischen und sozialen Stellung, die sie nach und nach errungen, gingen ihnen auf einmal verloren, und sie wurden in eine so ungünstige Lage gebracht, wie sie niemals zuvor für sie gewesen war. Die Priester nützten den erkämpften Sieg weidlich aus und zeigten gegen die Überwundenen auch nicht eine Spur von Grossmut. Dem Sieger die Beute! war ihr Losungswort, das sie mit rücksichtsloser Härte ausführten, und selbst die klarsten Bestimmungen, welche das Gesetz zum Schutze der Leviten getroffen hatte, erwiesen sich als ohnmächtig gegenüber dem energischen Willen der Ahroniden, ihre bevorrechtete Stellung für alle Zukunft zu sichern und jeden Angriff auf dieselbe unmöglich zu machen. Es muss damals sicher ein freundschaftliches Verhältniss zwischen dem persischen Statthalter und dem Hohenpriester bestanden haben, welches die Machtstellung der Ahroniden so sehr erhöhte, dass jeder Widerspruch gegen ihre Anordnungen von vornherein vergeblich und für die Widersprechenden selbst von den nachteiligsten Folgen war. Vermutlich hatte die Statthalterschaft des dem Hohenpriester feindlich gesinnten Bagoses gerade damals ihr Ende erreicht, und der Hohepriester wusste seine Beziehungen zu dem neuen Statthalter günstiger zu gestalten; sonst wäre es ihm wohl schwerlich gelungen, so vollständig Herr der Situation zu werden und die Unterstützung der Schriftgelehrten für die gegen die Leviten zu ergreifenden Massregeln zu gewinnen.

VI.

Zunächst wurden die Funktionen, um welche der grosse
Streit zwischen Priestern und Leviten entbrannt war, mit einem
Schutzwall umgeben, den zu übersteigen geradezu unmöglich
war. In dem Übereifer, diesen Wall möglichst hoch zu errichten, gingen die Priester und die von ihnen abhängigen
oder mit ihnen verbündeten Schriftgelehrten so weit, dass sie
auch manche Bestimmungen trafen, die ihnen selbst später
unbequem wurden, und die sie daher umändern oder unbeachtet
lassen mussten. Es waren eben Kampfgesetze, die in jener
Zeit geschaffen wurden, und die darum die Merkmale des
Kampfes und der Aufregung an sich tragen. In erster Reihe
kam es darauf an, das Kampfobjekt gegen jeglichen Angriff
in der Zukunft sicher zu stellen und ihm eine Heiligkeit zu
verleihen, die ihm ursprünglich nicht innewohnte. Wie einige
Jahrhunderte später die Pharisäer, nachdem sie über die
Sadducäer gesiegt hatten, die Zeremonien des Wasserschöpfens
am Hüttenfeste, der Schekelgelderhebung und viele andere
von ihnen empfohlene, von ihren Gegnern jedoch heftig bekämpfte
Massregeln mit erhöhter Feierlichkeit zum Ausdruck zu
bringen und dadurch dem Volke als höchst wichtig und be-
deutsam hinzustellen sich bemühten: ganz ebenso verfuhren
jetzt die Priester nach dem Siege über die Leviten.

Das Räucherwerk wurde der Gegenstand der liebevollsten
Fürsorge; bis in das Minutiöseste wurden alle Bestimmungen
über die Zubereitung und Darbringung desselben festgesetzt
und die geringste Abweichung von dem vorgeschriebenen Ritus
mit der schwersten göttlichen Strafe bedroht. Ein eigener Altar
wurde zu dem Zwecke des Räucherns errichtet, von welchem,
wie erwähnt, weder in irgend einem vorexilischen Buche noch
auch im Priesterkodex Ezechiels — der doch alle Bestandteile
des Tempels nebst ihren Massen genau angiebt — noch auch
in Esra und Nechemia, noch auch endlich in dem ursprünglichen Berichte über den Bau und die Ausschmückung des
Stiftzeltes die Rede ist.

Die Vorschriften über den Bau des Heiligtums in der
Wüste, die mit dem Allerheiligsten beginnen, sind sämtlich
in den Kapiteln 25—27 im Exodus enthalten. Daran reihen sich
Kap. 28 die Bestimmungen über die Gewänder für den Hohenpriester und die gewöhnlichen Priester und Kap. 29 die Vor-

schriften über die bei der Priesterweihe zu beobachtenden
Feierlichkeiten und die bei dieser Gelegenheit darzubringenden
Opfer. An das Gesetz über die Weihe des Altares wird noch
die Anordnung der täglichen Opfer angereiht, und die drei
letzten Verse dieses Kapitels bilden dann den feierlichen Abschluss sämtlicher mit dem Bau des Stiftszeltes in Verbindung
stehenden Verordnungen. Erst im Kap. 30 folgt das Gebot,
einen besonderen Räucheraltar zu verfertigen. Man empfängt
sofort den Eindruck, dass dieses Gebot nachgehinkt kommt;
denn wenn in der ursprünglichen Anlage der Räucheraltar vorgesehen wäre, so hätte alles darauf Bezügliche spätestens im
Kap. 27 nach den Vorschriften über den Opferaltar erwähnt
sein müssen.[1] Dass es erst im Kap. 30 geschieht, zwingt uns
zu der Annahme, dass der Räucheraltar später als die übrigen
Geräte im Tempel zu Jerusalem eingeführt wurde, und dass
die einschlägigen Bestimmungen nachträglich der Kultusgesetzgebung angehängt worden sind. Auch bei der Bestimmung
des Platzes, den die unmittelbar vor dem zum Allerheiligsten
führenden Vorhange aufzustellenden Geräte einnehmen sollen,[2]
hätte der Räucheraltar nicht übergangen werden können, und
es nimmt sich ganz eigentümlich aus, wenn nachträglich[3]
diese Lokalfrage gelöst wird.

Von den älteren Bibelerklärern hat namentlich Nachmanides Anstoss daran genommen, dass der Räucheraltar
nicht, wie es bei der Wiederholung[4] geschieht, zugleich mit
dem Tische und dem Leuchter genannt wird. Es gelingt ihm
aber nicht, eine auch nur einigermassen befriedigende Erklärung
dieser auffallenden Erscheinung zu geben; denn was er als Grund
hierfür anführt, ist kabbalistische, abergläubische Spielerei.
Die neueren Exegeten[5] finden das Gebot der Verfertigung des
Räucheraltares ziemlich spät angeführt, wissen aber keine Er-

---

[1] In dem Berichte über die Ausführung des Baues des Stiftszeltes
wird der Räucheraltar seiner späteren Bedeutung entsprechend noch vor dem
Brandopferaltar genannt. (Exod. 37, 25 und 38, 1 ff.) Ebenso in dem Abschnitte,
welcher von der Salbung der heiligen Geräte handelt (Exod. 30, 27 und 28).
Ebenso kommt (Num. 4, 11—14) der goldene Altar unmittelbar nach dem
goldenen Leuchter noch vor dem eigentlichen Brandopferaltar zur Erwähnung.

[2] Exod. 26, 35.

[3] Exod. 30, 6.

[4] Kap. 37.

[5] So Kortel.

klärung hierfür. Popper[1]) weist das Irrtümliche in der Erklärung Bertheaus, Baumgartens u. a. bezüglich des Räucheraltares nach, sieht sich aber zu der Bemerkung gezwungen, dass ein einleuchtender und vollständig befriedigender Erklärungsgrund für diese Erscheinung sich bis jetzt noch nicht ergeben habe. Fürst[2]) sagt: „Diese Anordnung ist hier nachträglich gegeben, da sie im Grunde oben bei der Vorschrift über den hochheiligen westlichen Raum des Heiligtumes hätte stehen müssen. Diese spätere Anführung lässt sich nur aus dem Umstande erklären, dass der Ordner dieses Stück erst später aufgefunden und hier es noch angefügt hat." Ein solcher Erklärungsversuch ist freilich fast noch merkwürdiger als die zu erklärende Erscheinung. Wie ist es denkbar, dass gerade der Abschnitt vom Räucheraltare sich nicht im Zusammenhange mit den übrigen Bestimmungen über das Stiftszelt befand? War ein Räucheraltar vorhanden,. so mussten bei der Vollständigkeit und Genauigkeit des biblischen Berichtes auch die Einzelheiten über Anlage und Zweck desselben, über die Darbringung des Räucheropfers etc. sich vorfinden. Wenn aber dieses Stück nicht mit den übrigen, vom Stiftszelte handelnden Abschnitten verbunden war, so existierte es eben, als der Ordner die Kap. 25—29 zusammenstellte, noch nicht, was zu beweisen durchaus nicht schwer fällt.

Es genügt, zur Kennzeichnung des Wandels, der sich im Laufe der Zeit bezüglich des Räucherwerkes vollzogen hat, auf zwei Bibelstellen hinzuweisen, deren eine die spätere Praxis zum Ausdrucke bringt, während die andere den Gebrauch einer früheren Periode verewigt. Exod. 30, 9 heisst es: „Ihr sollt auf ihm (dem Räucheraltare) nicht gemeines Räucherwerk oder Brand- und Mehlopfer darbringen," was Raschi in Gemässheit der talmudischen Auffassung ganz richtig folgendermassen erklärt: שום קטרה של נרבה כולן זרוח לו חוץ מזו „Jedes Räucherwerk als freiwillige Spende soll ihm fern bleiben, nur dieses, d. h. das tägliche pflichtmässig zu opfernde Räucherwerk, soll auf ihm dargebracht werden." Num. 7, 14 und noch elfmal in demselben Kapitel wird hingegen mitgeteilt, dass jeder Stammesfürst eine mit Räucherwerk gefüllte goldene Schale als Spende bei der Einweihung des Stiftszeltes geweiht habe. Dieses steht im

---

[1]) Der biblische Bericht über die Stiftshütte 111 f. 192.
[2]) Illustrierte Prachtbibel.

Widerspruch mit dem späteren Gebrauch, der die Darbringung
des Räucherwerkes als freiwillige Spende überhaupt nicht kennt,
und Raschi giebt seiner Verwunderung über die Abweichung
von der Vorschrift und dem Herkommen in den Worten Ausdruck: לא· מצינו קטרת ליחיד ולא על המזבח החיצון אלא זי בלבד
והוראת שעה היתה‏ (‏Nun, wir wissen, dass die Bezeichnung irgend
einer Handlung als הוראת שעה in der Regel nur eine Verlegenheitserklärung ist, durch welche eine von der Bibel gut-
geheissene, aber mit einer anderen biblischen oder rabbinischen
Verordnung in Widerspruch stehende Massregel gerechtfertigt
und doch nicht als Norm für die Zukunft hingestellt werden
soll. Es wird so dargestellt, als· hätte eine augenblickliche
Eingebung Gottes um eines höheren Zweckes willen ein zu
Recht bestehendes Verbot für einen bestimmten Fall ausser
Kraft gesetzt. So wird[1] die Errichtung einer Opferstätte
am Berge Karmel durch den Propheten Elija, die gegen das
deuteronomische Gesetz von der Einheit des Opferkultus verstösst, als הוראת שעה bezeichnet und damit entschuldigt. Der
unbefangene Kritiker bedarf aber dieser Entschuldigung für
Elija nicht, findet vielmehr in dem Verfahren desselben eine
schwer ins Gewicht fallende Bestätigung der Annahme, dass
die deuteronomische Bestimmung damals noch nicht existierte.
Ebenso beweist das erwähnte Verfahren der Stammesfürsten,[2]
dass zur Zeit der Abfassung dieses Berichtes, die ziemlich
spät erfolgt ist, das Räucherwerk als freiwillige Spende noch
allgemein im Gebrauche war. Ein besonderer Altar aber existierte dafür nicht, man verwandte vielmehr dazu sogenannte
Opferpfannen oder Rauchpfannen (מחטות), in welche man
brennende Kohlen legte, und auf diese streute man das Räucherwerk. Erst infolge des Streites zwischen Priestern und Leviten,
als letztere ihren Anteil an dem Räucherwerke beanspruchten
und mit ihrer Forderung abgewiesen wurden, erkannte man
dieser Funktion eine besondere priesterliche Heiligkeit zu. Den
Einzelnen wurde die Befugnis, Räucherwerk zu spenden, ganz
und gar entzogen, ein eigener Räucheraltar, später gewöhnlich
der goldene Altar genannt, ward errichtet und an einem bevorzugten Platze im Tempel aufgestellt, und durch eine Einschaltung

---

[1] Bab. Talm., Trakt. Menachoth 50a.

[2] Siehe auch Bab. Talm., Trakt. Jebamoth 90b.

[3] Num. 7.

in die den Bau des Stiftszeltes behandelnde Kultusgesetzgebung
erhielt der Räucheraltar seine biblische Sanktion. Kein Geringerer als der Hohepriester selbst sollte von nun an das tägliche Räucherwerk darbringen, an jedem Morgen beim Zurecht-
machen der Lichter auf dem goldenen Leuchter und an jedem
Abend bei dem Anzünden der Lichter sollte er diese weihe-
volle Funktion verrichten.[1] Am Versöhnungstage bildete die
Darbringung des Räucherwerkes im Allerheiligsten den feierlichsten Akt der Opferhandlung und ging deshalb auch der
Blutsprengung voran. Sodann wurden an diesem Tage die
Hörner des Räucheraltars zur Sühne für begangene Sünden
mit dem Blute des als Sündopfer für Priester und Volk ge-
schlachteten Stieres und Widders bestrichen. Dasselbe sollte
ausserdem nur noch zur Sühne für eine vom gesalbten Priester
oder vom ganzen Volke unwissentlich verübte Gesetzüber-
tretung geschehen, während von dem Sündofer des Einzelnen
und selbst des Fürsten das Blut nur an die Hörner des Brand-
opferaltares gebracht wurde, der im Talmud in der Regel
מזבח החיצון genannt wird im Gegensatze zu dem Räucheraltare
welcher מזבח הפנימי heisst. ·

Im Laufe der Zeit vergrösserte sich der Nimbus, der den
Räucheraltar umgab, immer mehr und mehr, so dass er in der
Volksauffassung mit zu den Bestandteilen des Allerheiligsten
gezählt wurde, wie aus der merkwürdigen Stelle des neuen
Testamentes[2] hervorgeht, wo es von den ἅγια ἁγίων heisst:
χρυσοῦν ἔχουσα θυμιατήριον. Wenn ein Gesetzes- und Schrift-
kundiger, wie der Verfasser des Briefes unzweifelhaft war, sich
eines solchen Irrtumes schuldig macht, so erklärt sich das nur
daraus, dass in der allgemeinen Vorstellung der Räucheraltar
für so heilig galt, dass er in dieser Beziehung von keinem
anderen heiligen Geräte — die Bundeslade ausgenommen —
übertroffen wurde; und auch der Gesetzeskundige lässt sich
von dieser Vorstellung beherrschen. In Wahrheit war der
Platz des Räucheraltares nicht im Allerheiligsten, „aber durch
seine Stellung unmittelbar vor dem Kapporeth der Bundeslade gerade gegenüber wird seine Beziehung auf das Allerheiligste, zu dem er, wenn auch nicht seiner lokalen, so doch

[1] Exod. 30 7. 8.
[2] Hebräerbrief 9, 4.

seiner kultuellen Stellung nach gerechnet wird, deutlich genug bezeichnet." [1])

In der aufgeregten Zeit unmittelbar nach dem gewaltigen Kampfe zwischen Priestern und Leviten hatte man nicht bedacht, dass dem Hohenpriester eine grosse Last aufgebürdet wurde, indem man ihm die Darbringung des täglichen Räucherwerkes übertrug, und dass sich auf die Dauer eine solche einer Demonstration gleichkommende Einrichtung wohl schwerlich würde aufrecht erhalten lassen. Schon nach wenigen Jahren stellten sich denn auch in der That diesbezüglich Schwierigkeiten heraus; der Hohepriester mag sich geweigert haben, tagtäglich zweimal im Tempel zu erscheinen und das immer gleiche Räucherwerkopfer zu verrichten. Auch musste sein allzuhäufiges Pontifizieren den Eindruck des Feierlichen abschwächen, der durch die Amtshandlungen des Hohenpriesters hervorgebracht werden sollte; er sank dadurch fast zu der Würde eines gewöhnlichen Priesters herab. Was in der ersten Zeit die Feierlichkeit des Räucherwerkopfers erhöht haben und den Priestern als eine Genugthuung gegenüber den Leviten erschienen sein mag, das musste allmählich die entgegengesetzte Wirkung ausüben und die Kritik geradezu herausfordern. Es lag gerade im Interesse des Priestertumes, den Hohenpriester nicht allzuoft den neugierigen Blicken der Volksmenge auszusetzen; denn sonst blieb für besonders feierliche Veranlassungen, namentlich für den Dienst am Versöhnungstage, keine Auszeichnung, keine Steigerung des Effekts mehr übrig. In der Darbringung des Räucherwerkes, sowie in dem Anzünden der Lichter, welch letztere Funktion man ebenfalls dem Hohenpriester übertragen hatte, war daher eine Änderung der getroffenen Bestimmungen direkt geboten und liess auch nicht lange auf sich warten. Man setzte sich eben notgedrungen über die eigenen Anordnungen, die man durch das Gesetz hatte sanktionieren lassen, hinweg und liess fortan das Anzünden des Leuchters und die Verrichtung des Räucherwerkopfers

---

[1]) Popper, die Stiftshütte 192 f. Winer, bibl. Realwörterbuch, unter dem Art. „Rauchfass". Abrabanel, Kommentar zum Pentateuch, פרשת תרומה, Antwort zu Frage 9 bemerkt sehr richtig: אמר וכפר אהרן על קרנותיו אחת בשנה שהוא רמז שפעם אחת בשנה ביום הכפורים יזה על מזבח הקטרה באשר יזה בקרש הקרשים וזה מוכיח שהיה למזבח הקטרה הקשר ודיבוק עם קרש הקרשים ולכן חתם הדברים באמרו קרש קרשים הוא לה ולא אמר כזה בשולחן ולא במנורה.

von irgend einem beliebigen Priester vollziehen. Nur am Versöhnungstage wurden diese Funktionen, sowie alle anderen Opferhandlungen ausschliesslich vom Hohenpriester ausgeübt, dem ausserdem das Recht eingeräumt wurde, auf Verlangen zu jeder beliebigen Zeit den Dienst im Heiligtume zu versehen.

Das Anzünden der Lichter im Tempel, das soeben beiläufig erwähnt wurde, hat ebenfalls seine Geschichte und ist erst nach dem Siege des Priestertumes über die Leviten zu der hohen Bedeutung gelangt, die ihm ursprünglich nicht innewohnte. In den vorexilischen Schriften wird eines siebenarmigen Leuchters nirgends Erwähnung gethan. In I. Sam. 3, 3 ist nur von einer Lampe Gottes[1]) die Rede, beim Tempelbau liess Salomo zehn goldene Leuchter anfertigen,[2]) die er zu je fünf rechts und links von dem Debir aufstellte. Sonst kommt im Buche der Könige[3]) sowie in den Reden der Propheten bis zu Secharja selbst das Wort מנורה nicht vor; auch Ezechiel, der sich über die einzelnen Bestandteile des Heiligtumes so weitläufig auslässt, kennt den goldenen Leuchter nicht. In der Vision Secharjas[4]) erscheint zum ersten Male ein goldener Leuchter mit sieben Lampen und wird daselbst als etwas ganz Neues geschildert; die Siebenzahl soll ein Symbol der göttlichen Vorsehung sein, die durch die sieben Augen Gottes bezeichnet wird. Wäre ein derartiger Leuchter schon früher bekannt und im Gebrauch gewesen, so hätte der Prophet wahrlich keine Veranlassung gehabt, an den Engel, der mit ihm redete, die Frage zu richten: „Was bedeutet dies, mein Herr?" Die ausführliche Schilderung des Leuchters macht jedenfalls den Eindruck, dass hier etwas Neues in die Erscheinung tritt.

---

[1]) נר אלהים.

[2]) Der Talmud ist in grosser Verlegenheit, was er von den zehn Leuchtern des salomonischen Tempels halten soll, und setzt stillschweigend die Existenz des in Exod. beschriebenen, von Moses angefertigten Leuchters voraus. Er meint, dass die von Salomo verfertigten Leuchter nicht zum Anzünden, sondern nur zum Schmucke dienen sollten, da der Moses'sche Leuchter dem ersteren Zwecke gewidmet war. Auch die Ortsangabe „von rechts und links" bereitet den alten Bibelerklärern Schwierigkeiten, welche Raschi auf folgende Weise zu überwinden sucht: אי אפשר לאמר חמש מימין הפתח וחמש משמאל הפתח אב׳ מצינו מנורה בצפון והתורה אמרה על ירך המשכן תימנה אלא של משה באמצע חמש מימינה וחמש משמאלה: Siehe auch bab. Talmud, Traktat. Menachoth 98 b.

[3]) Mit Ausnahme von II. Kön. 4, 10.

[4]) Sech. 4, 2 ff.

Ich vermute, dass die persische Auffassung der Gottheit als Lichtgestalt zu diesem Bilde geführt hat, und dass die sieben Arme ein Reflex der mit dem höchsten Gotte vereinigten Amescha-Spentas (Amschaspands) der Zendreligion sind.[1])

Nach dem Bilde des secharjanischen Leuchters wurde im zweiten Tempel ein siebenarmiger goldener Leuchter verfertigt, ob gleich zu Anfang, ist zweifelhaft; jedenfalls aber hat er schon zu Beginn der Zeit existiert, welche wir die Zeit der ecclesia magna nennen; denn in den Vorschriften über den Bau der Stiftshütte hat der Leuchter bereits seinen Platz gefunden. Über das Anzünden der Lichter gab es jedoch damals noch keine biblische Vorschrift, nur scheint aus Maleachi[2]) hervorzugehen, dass den Priestern dieses Amt oblag, oder dass sie es gewaltsam für sich in Anspruch genommen hatten. Während der Erstarkung des Levitentumes, als die Mitglieder dieser Körperschaft den Ahroniden eine Funktion nach der anderen entrissen, wurde auch das Anzünden der Lichter eine levitische Verrichtung, welche die Priester widerwillig ihnen überlassen mussten. Denn dass die Leviten in der Zeit, als der Kampf um das Räucherwerk so heftig entbrannte, den Dienst des Lichteranzündens unangefochten ausgeübt haben, steht deshalb ausser Zweifel, weil sonst in dem Streite Korachs sicherlich auch dieser levitischen Anmassung Erwähnung geschähe. Und andererseits lässt es sich nicht denken, dass die Leviten, welche nach dem viel heiligeren Räucherwerk ihre Hand ausstreckten, die Funktion des Lichteranzündens nicht begehrt haben sollten. Aber nach der Niederwerfung des levitischen Aufstandes, als man daran ging, die Befugnisse der Hierodulen mehr und mehr einzuschränken, nahm man ihnen auch das Recht der Besorgung des goldenen Leuchters und verlieh dieser Dienstleistung eine Heiligkeit, die ihr bis dahin keineswegs zuerkannt war. Man begnügte sich nicht damit, das Anzünden der Lichter als ausschliessliches priesterliches Vorrecht zu erklären, sondern übertrug es ebenso wie die Darbringung des Räucherwerkes dem Hohenpriester, wie aus Exod. 30, 7. 8, aus Lev. 24, 3 und aus Num. 8, 2. 3 unwiderleglich hervorgeht.

Aber auch hier stellte sich bald die Unmöglichkeit heraus, auf die Dauer den Hohenpriester tagtäglich mit solch

---

[1]) Über den Einfluss der magischen Religionsanschauung auf das Judentum, siehe Graetz II b. pag. 194 f.
[2]) Mal. 1, 10.

geringfügiger, mechanischer Dienstleistung zu belasten, und
man musste sich wohl oder übel dazu verstehen, gewöhnliche
Priester hierzu zu verwenden. An der ersten der vier Stellen
des Pentateuchs,[1] die vom Anzünden der Lichter handeln,
wurde sogar der Text geändert und nach dem Worte Ahron
der Zusatz „und seine Söhne" hinzugefügt. Dass dies eine spätere
Änderung und nicht die ursprüngliche Form des Textes ist,
erhellt aus den drei anderen Stellen, in welchen dieser Zusatz
sich nicht findet. Für den Talmud ist die Hinzufügung von
וּבָנָיו an der betr. Stelle in Exod. von höchster Wichtigkeit,
sie dient ihm als Handhabe, um nach Analogie des Lichteranzündens, das hier dem gewöhnlichen Priester gestattet wird,
auch die Darbringung des Räucherwerkes dem gemeinen Priester
einzuräumen, obwohl kein Schriftvers ihm diese Befugnis zuerkennt. Da aber thatsächlich beide Funktionen in späterer
Zeit von den gewöhnlichen Priestern ausgeübt wurden, musste
dem Talmud sehr daran gelegen sein, auf irgend einen Bibelvers hinweisen zu können, der die Legalität dieses Verfahrens
enthielt, und dazu bot sich der erste von dem Lichteranzünden
handelnde Bibelvers dar.[2] Der Widerspruch zwischen Exod. 27
und den anderen die Unterhaltung des Lichtes im Heiligtume
behandelnden Stellen löst sich nach der talmudischen Auffassung einfach in der Weise, dass daselbst nach אהרן jedesmal וּבָנָיו zu ergänzen ist, da die heil. Schrift sich gewissermassen auf die ersterwähnte Stelle bezieht.[3] Dass sämtliche
Stellen, an welchen von dem Anzünden der Lichter auf dem
goldenen Leuchter die Rede ist, erst später eingeschoben sind,
geht daraus hervor, dass durch sie jedesmal eine Unterbrechung
des Inhalts eintritt. Ganz besonders auffallend ist dies in
Num. 8, 1—4, und man hat die verschiedensten Vermutungen
angestellt, um die ganz überflüssige Wiederholung zu erklären.
Einen Fingerzeig zur Auffindung des Grundes giebt uns die
Haggada, die auch Raschi in seinem Pentateuchkommentare
zu der Stelle anführt. Sie sagt: Ahron habe es schmerzlich
empfunden, dass in dem Berichte über die Einweihung des

[1] Exod. 27, 20. 21.

[2] Siehe die Erklärung von Nachmanides zu Exod. 30. 7.

[3] Die LXX haben auch in Lev. 24, 3 die Lesart Ἀαρὼν καὶ οἱ
υἱοὶ αὐτοῦ, an den beiden anderen Stellen hingegen, Exod. 30. 7. 8. und
Num. 8, 2. 3. stimmen sie mit dem hebräischen Texte überein und sprechen
nur von Ahron.

Stiftszeltes nur von den Spenden und Gaben der 12 Stammesfürsten die Rede sei, er aber und sein Stamm gar keine Erwähnung gefunden habe. Da habe ihn denn Gott zur Beruhigung daran erinnert, dass die ihm gewordene Aufgabe, die
Lichter im Heiligtume zu unterhalten, von grösserer Bedeutung
sei als alle Weihegeschenke der Stammesfürsten, und um ihm
gewissermassen eine Genugthuung zu geben, sei die Vorschrift
über den goldenen Leuchter hier noch einmal wiederholt worden. Unbewusst, aber instinktmässig hat die Haggada hier
die Eifersucht der Ahroniden zum Ausdruck gebracht; und
wenn wir noch erwägen, dass der Bericht über die Einweihungs-
feier mit einer kurzen Schilderung des Dienstes der Leviten ein-
geleitet wird, die Funktionen der Priester aber ganz und gar
mit Stillschweigen übergangen werden, so kann es uns durchaus nicht befremdlich erscheinen, dass die Priester, als sie
nach ihrem Siege über die Leviten zu unumschränkter Macht
gelangt waren, sich bemühten, die ihnen unangenehme Lücke
durch Einschiebung eines kurzen Abschnittes über eine ausschliesslich dem Priestertume vorbehaltene und von ihm ängstlich gehütete Dienstleistung auszufüllen.

Man könnte gegen unsere Behauptung, dass die Vorschriften über das Anzünden der Lichter und über die Darbringung des Räucherwerkes erst später in die Bestimmungen
der Kultusgesetzgebung aufgenommen seien, den Umstand
geltend machen, dass schon in einem der ersten Verse, die
von der Einrichtung des Stiftszeltes und den zu verwendenden
Stoffen handeln,[1] „Öl zur Beleuchtung, Gewürze zum Salböl
und zum Spezereiräucherwerk" genannt werden. Aber es ist
schon von Popper[2] auf das Fehlen des Waw copulativum
an dieser Stelle -- während es im zweiten Teile, in dem Berichte über die Ausführung der Vorschriften,[3] sich vorfindet
— aufmerksam gemacht worden. Popper vermutet daher, dass
auch die ausführlichen Stücke über das Öl, Salböl und Räucherwerk[4] erst nachträglich in den Bericht hineingenommen worden, wofür auch die Thatsache spreche, dass wir zu allen

---

1) Exod. 25, 6.
2) Stiftshütte, pag. 85.
3) Exod. 35, 6.
4) Exod, 27, 20. 30, 22—38.

dreien die parallelen Stücke, welche über die Ausführung berichten, nicht finden. Durch die LXX, welche die Verse Exod. 25, 6 und 35, 8 überhaupt nicht haben, wird diese Vermutung fast zur Gewissheit; jedenfalls ist es unwahrscheinlicher anzunehmen, dass die LXX aus Versehen gerade diese Verse weggelassen haben, als dass sie auch im Urtexte nicht enthalten waren, dass aber der Überarbeiter es angemessen fand, die für den Tempeldienst in späterer Zeit so wichtigen und unentbehrlichen Bestandteile, deren Aufzählung der Leser an dieser Stelle mit Sicherheit erwartete, nachträglich hinzuzufügen.

Der Samaritaner, der sich überhaupt · bemüht, Unebenheiten in der heil. Schrift zu beseitigen, hat auch an der ersten Stelle das Waw copulativum; allein er hat auch den Abschnitt über das Räucherwerk, der im hebräischen Text und bei den LXX den Anfang des 30. Kapitels bildet, am Ende von Kap. 26 eingeschoben, d. h. da, wo er eigentlich hingehört, unmittelbar nach dem Abschnitte über den Vorhang vor dem Allerheiligsten und noch vor dem Opferaltare. Man hat früher wohl die Ansicht verteidigt, dass der samaritanische Kodex das Ursprüngliche habe, und dass in unserem Texte später eine Verschiebung eingetreten sei. Doch diese vornehmlich von Kennicott vertretene Ansicht ist als eine völlig unkritische längst aufgegeben, und es wird allgemein angenommen, dass der Samaritaner die jetzige Stellung des Räucheraltares im hebräischen Texte vorfand, und weil er sie sich nicht erklären konnte, einfach umänderte. Was aber die Ordner des hebräischen Textes veranlasste, diesem Stücke eine so abgesonderte Stelle einzuräumen, ist bereits oben auseinandergesetzt worden; und die eigentümliche Stellung der von der Besorgung des goldenen. Leuchters handelnden Stücke,[1] die, wie ich vermute, von verschiedenen Verfassern herrühren, aber in ihrer Tendenz im wesentlichen gleich sind, ist ebenfalls nur dem Umstande zuzuschreiben, dass sie erst später, als die übrigen Vorschriften über das Stiftszelt in ihrer jetzigen Gestalt der Bibel bereits einverleibt waren, in der Absicht redigiert worden sind, · den Abroniden die ihnen früher von den Leviten streitig gemachten Funktionen zu sichern.

---

[1] Exod. 27, 20 und 21, Lev. 24. 1—4. Num. 8. 1—4.

VII.

Auf die Darbringung des Räucherwerkes und das Anzünden des goldenen Leuchters blieb die Sorgfalt der Priester
nicht beschränkt. Um die Stellung der Leviten noch mehr
herabzudrücken, griffen sie auch zu andern Mitteln, die einen
geradezu gehässigen Charakter an sich trugen und den Leviten,
ihre wohlerworbenen und seit länger als anderthalb Jahrhunderten unbestritten von ihnen ausgeübten Rechte schmäler-
ten. Das Schlachten der Ola und der sonstigen Opfertiere sowie
das Kochen der Mahlopfer war ihnen ausdrücklich von Ezechiel
übertragen worden und galt seitdem als eine ausschliesslich
levitische Dienstleistung. Die Ahroniden trachteten jedoch da-
nach, die Leviten von jeglicher Beteiligung am Opferdienste
fern zu halten, sie sollten hierbei in jeder Weise dem Laien-
volke gleichgestellt sein, auch nicht der geringste Vorzug
sollte ihnen eingeräumt werden, mochte selbst eine geheiligte
Tradition darunter leiden. Da die Priester jedoch unmöglich
alle diese Verrichtungen übernehmen konnten, so gaben sie
dieselben gänzlich frei und gestatteten fortan jedermann aus
dem Volke, das Schlachten der Opfertiere und das Kochen des
Mahlopfers selbst zu besorgen. Die Leviten, die in den letzten
Jahrzehnten im Tempel geradezu unentbehrlich gewesen waren,
an die man beim Darbringen der Opfer und der Abgaben sich
zuerst hatte wenden müssen, wurden hierdurch für diese Zwecke
ganz und gar entbehrlich gemacht und hatten keine Gelegenheit,
mit den Tempelbesuchern amtlich in Beziehung zu treten. Durch
den grossen Einfluss, den die Priester in jener Zeit auf die Schriftgelehrten ausübten, wurde es jenen leichter, ihre Absichten
zu verwirklichen und unter Aufhebung des früheren Brauches
eine Praxis einzuführen, die alsbald gesetzliche Bestätigung
erlangte. Anfangs beschränkte man sich darauf, freien israelitischen Männern die Schlachtung des Opfers zu überlassen,
Sklaven, Frauen und Unreine jedoch hiervon auszuschliessen.
Nachdem aber diese Handlung einmal ihres heiligen Charakters
entkleidet war, ging man einen Schritt weiter und erklärte
auch das von einem Sklaven etc. geschlachtete Opfertier noch
für tauglich zur Darbringung auf dem Altare und räumte
endlich jedermann, auch den sonst zu öffentlichen religiösen
Handlungen Untauglichen, das Recht ein, selbst an den zu
den allerheiligsten Opferarten, zur Ola und zum Sündopfer, be-

· stimmten Tieren die Schlachtung vorzunehmen. [1]) Wir erblicken in diesem Verfahren der Priester einen systematischen Vorgang. Die umstrittenen Dienstleistungen, welche die Leviten sich angemasst hatten oder sich anmassen wollten, ohne dass eine Gesetzesbestimmung oder eine Tradition ihnen hierzu die Berechtigung verlieh, wie namentlich die Besorgung des Leuchters und die Darbringung des Räucherwerkes, nahmen die Priester für sich selbst in Anspruch und erhöhten ihre Heiligkeit bis zu einem ihnen bald unbequem werdenden Grade. Die von den Leviten hingegen gesetzmässig auf Grund der prophetischen Vorschriften und einer durch die Länge der Zeit geheiligten Tradition ausgeübten Funktionen des Opferkultus, deren Übernahme den Ahroniden eine zu grosse Last aufgebürdet hätte, ja manchmal, namentlich zur Festeszeit, ihnen geradezu unmöglich geworden wäre, wurden profaniert und gänzlich freigegeben.

Nachdem so die Leviten aus dem Tempel- und Opferdienste völlig verdrängt waren, wurde es den Priestern leicht, auch ihre soziale und politische Stellung herabzudrücken, und die Ahroniden hielten es für geraten, die ihnen günstigen Zeitverhältnisse auszunützen und ganze Arbeit zu machen, damit in Zukunft ihre Widersacher sich nicht wiederum verleiten liessen, von einer angesehenen Lebensstellung aus grössere kultuelle Rechte zu erstreben. Wie bereits auseinandergesetzt worden und wie aus Esra und Nechemia, namentlich aber aus der Chronik und aus Josephus[2]) hervorgeht, waren die Richter- und Beamtenstellen lange Zeit hindurch grösstenteils, wenn nicht ausschliesslich, mit Leviten besetzt; diese bildeten den eigentlichen Beamtenadel und hatten infolge ihrer Stellung

---

[1]) Bab. Talmud, Trakt. Sebachim, 31 b. ff. Von der ezechielischen Vorschrift, welche den Leviten die Funktion des Schlachtens der Opfertiere zuweist, die aber freilich im Pentateuch nicht wiederholt ist, nimmt der Talmud auch nicht die allermindeste Notiz. Er wirft vielmehr nur die Frage auf: woher weiss ich, dass das Schlachten (scil. der Opfer, und selbst der allerheiligsten Opfer) dem Nichtpriester erlaubt ist? und beantwortet diese Frage durch Nebeneinanderstellung der Schriftverse Num. 18, 7 und Lev. 1, 5, aus welchen er den Grundsatz ableitet, dass erst von dem Auffangen des Blutes· an die priesterliche Handlung zu beginnen habe, dass aber bis zu diesem Zeitpunkte jeder Laie sich beteiligen dürfe. Einen Vorzug des Leviten vor dem gewöhnlichen Israeliten hinsichtlich der Opferschlachtung kennt der Talmud nicht.

[2]) I. Chron. 21, 3—5. Jos. Antiq. XI. 5, 1.

grossen Einfluss auf das Volk. Denn wenn auch aus den eben angeführten Stellen der Chronik und des Josephus nicht der Schluss gezogen werden darf, dass es zu irgend einer Zeit vier Klassen von Leviten gegeben habe, nämlich ausser den liturgischen Leviten, den Sängern, den Thorwärtern noch eine besondere Tribus von Schriftgelehrten und Richtern,[1] so liefern diese Stellen doch den Beweis, dass sehr viele Leviten als Richter und Beamte Verwendung fanden, und dass ein Teil von ihnen, der alten Überlieferung getreu, als Schriftkenner und Schriftgelehrte ihren Unterhalt bezogen. Es lag ja auch in der Natur der Sache. Nach dem Deuteronomium waren die Levitenpriester (הכהנים הלוים) in erster Reihe als die Richter und Lehrer des Volkes bezeichnet, und damit war sicherlich den thatsächlichen Verhältnissen im Reiche Juda Ausdruck und Bestätigung verliehen. Nach der Degradierung der nichtzadokitischen Priester durch Ezechiel sollte das Vorrecht, Streitsachen zu schlichten, religiöse Belehrungen zu erteilen, über rein und unrein zu entscheiden, zwar nur den Altarpriestern verbleiben;[2] allein der zadokitische Prophet ist mit dieser Anordnung nicht völlig durchgedrungen, und Esra, der erwiesenermassen sich bemühte, die Leviten mit ihrer Stellung auszusöhnen, hat sie mit Vorliebe durch Verleihung von Richter- und Lehrämtern ausgezeichnet, bei gottesdienstlichen Versammlungen ihre Mitwirkung in erster Reihe in Anspruch genommen und sie für den Verlust ihrer Altarrechte durch Einräumung von Vorrechten im bürgerlichen und religiösen Leben entschädigt.[3] Nach ihrem vergeblichen Versuche, die Positionen der Priester zu erobern, gingen sie aber dieses Vorzuges verlustig; und da die Ahroniden selbst weder an Zahl ausreichend waren, alle Richterämter mit ihren Standesgenossen zu besetzen, noch auch genügende Gesetzeskenntnisse sich angeeignet hatten, um schwierige richterliche Entscheidungen zu treffen und verwickelte religiöse Fragen zu beantworten, wurden diese Befugnisse allen hierzu geeigneten Israeliten überlassen, die auch zuvor schon aus ihrer Mitte viele Schriftgelehrte geliefert, aber bis dahin sich in der Regel dem Brauche gefügt hatten, nach welchem den Leviten der erste Anspruch auf die Besetzung der Ämter zustand. Es mag schon

[1] Graetz II b, Note 11.
[2] Ez. 44, 23 und 24.
[3] Siehe oben.

längere Zeit hindurch von den Soferim als ein Missverhältnis
empfunden worden sein, dass sie ungeachtet ihres wissen-
schaftlichen Übergewichtes über die Leviten dennoch bei der
Auswahl von Richtern und Beamten diesen gegenüber benachteiligt waren, und darum liehen sie den Priestern freudig ihre
Unterstützung zur Beseitigung des Vorrechtes der Leviten.
Fortan bildete nur die grössere Gelehrsamkeit und höhere
Würdigkeit, nicht mehr die levitische Abkunft den Rechtstitel
zur Erlangung eines Richteramtes. Der Talmud[1]) bezeugt
ausdrücklich, dass man in früherer Zeit nur Leviten als Beamte angestellt habe, und beruft sich auf II. Chron. 19, 11,
dass man aber jetzt nur Israeliten hierzu verwende. Letzteres
begründet er mit einem Schriftverse, der da lautet: ושוטרים
הרבים בראשיכם und der nach Raschis Erklärung so aufzufassen
ist: „und Beamte in grosser Zahl an eurer Spitze, das sind
Israeliten, deren Zahl grösser ist als die der Leviten."[2])

Aber selbst gegen den klaren Wortlaut der Schrift zu
verstossen, nahm man keinen Anstand, wo es galt, die Leviten
niederzuhalten und ihre Rechte zu verkürzen. Num. 18, 21 ff.
ist den Leviten mit klaren Worten der Zehnten zugesprochen,
und zwar „als Entgelt für ihren Dienst im Stiftszelte." Ein
Zweifel, dass hier, wie überhaupt in den mittleren Büchern des
Pentateuch, unter לוים und בני לוי nur die Leviten im engeren
Sinne und nicht die Priester zu verstehen sind, ist von vornherein ausgeschlossen; denn von den Sporteln der Priester ist
zuvor die Rede gewesen, und an die betr. priesterlichen Bestimmungen reiht sich die Verordnung für die Leviten an, welcher
dann noch die Vorschrift hinzugefügt wird, dass von dem
Levitenzehnten wiederum ein Zehnten[3]) für die Ahroniden abzusondern sei. Allein dieser klare Wortlaut hat nicht verhindert, dass die Priester, um die Leviten zu strafen, den ganzen
Levitenzehnten für sich einzogen und seinen bisherigen In-
habern wegnahmen, so dass also die letzteren, da sie von den
Opfergaben keinen Anteil zu beanspruchen hatten, aller Sporteln,

---

[1]) Jebamoth 86 b.

[2]) Wo der citierte Schriftvers sich findet, habe ich nicht entdecken
können. Sollte vielleicht Deuteron. 1, 15 in einer anderen Lesart dem Rab.
Chisda, der jene Erklärung giebt, vorgelegen und ihn zu seiner Bemerkung
veranlasst haben? Es ist jedenfalls höchst auffallend, dass keiner der Talmuderklärer sich zu dieser Stelle äussert.

[3]) מעשר מן המעשר.

die ihnen das Gesetz zugewiesen hatte, beraubt und einzig und
allein auf Almosen, freiwillige Spenden und auf den Anteil am
Armenzehnten angewiesen wurden. Es war dies ein furcht-
barer Gewalt- und Racheakt, wie er nur von einem übermütigen,
erbitterten Sieger gegen einen überwundenen Feind, der ver-
nichtet werden soll, verübt werden kann. Das Priestertum muss
im Besitze einer ausserordentlichen Machtfülle gewesen sein,
als es gegen Gesetz und Herkommen eine solche Massregel
durchführte; denn sonst hätten die Schriftgelehrten, die als
Kenner und Wächter des Gesetzes sich berufen fühlten, für
die Einhaltung der biblischen Vorschriften Sorge zu tragen,
sich schwerlich einer. so flagranten Gesetzesverletzung gefügt
und derselben stillschweigend zugestimmt. Sie fühlten sich
eben zu ohnmächtig, dem entschlossenen Auftreten der Priester,
die ganz und gar Herren der Situation waren, Widerstand zu
leisten, hatten auch im Volke, das, wie stets, dem Erfolge seine
Huldigung darbrachte, zu wenig Anhang, um einem etwaigen
Widerspruche den erforderlichen Nachdruck zu verleihen. Ein
Teil der Schriftgelehrten hatte ohnehin durch seinen Anschluss
an die gegen die priesterlichen Vorrechte anstürmenden Leviten
den Zorn der mächtigen Priesterschaft auf sich geladen, und
darum hielt es der ganze Stand für ein Gebot der Klugheit,
die Ahroniden nicht noch mehr zu reizen, sich vielmehr ihrem
Machtgebote zu unterwerfen. Sie trösteten sich .wohl auch mit
der Hoffnung, dass die Rechte der Leviten nur für den Augenblick suspendiert seien und ihnen, wenn erst eine Beruhigung
der Gemüter eingetreten sein würde, wieder zurückgegeben
werden könnten.

Die Thatsache selbst, die Einziehung des Levitenzehnten
zu Gunsten der Priester, steht fest und ist bezeugt durch
Josephus[1]) und durch den Talmud.[2]) Letzterer erklärt aus
drücklich, dass die Überweisung des Levitenzehnten an die
Priester eine Strafe sei, welche den Leviten schon in alter
Zeit, und zwar von Esra auferlegt worden. Auf die Frage,
was denn die Leviten verbrochen hätten, um sich den Zorn
Esras in so hohem Masse zuzuziehen, weiss der Talmud keine
andere Antwort zu erteilen als die, sie seien mit ihm nicht
nach Palästina hinaufgezogen, als er mit der grossen Kolonie
sich von Babylon dorthin aufmachte, wie es ja in der Schrift

[1]) Antiq. XX, 88, 1.
[2]) Jebamoth 86 u. u. a. O.

heisse:[1]) „Von den Söhnen Levi's fand ich dort niemand." Da
aber der Akt der Strafverfügung gegen die Leviten im Buche
Esra nicht verzeichnet steht, bemühen sich die Talmuderklärer,
irgend einen Schriftvers ausfindig zu machen, der in diesem
Sinne gedeutet werden könnte, und suchen teils Nech. 10, 39,
teils Mal. 3; 10 zu diesem Zwecke zu verwenden, letztere Stelle,
gestützt auf die talmudische Exegese, welche Maleachi und
Esra identifiziert.

Es ist nicht nötig, die talmudische Behauptung von der
Einziehung des Levitenzehnten durch Esra als eine irrtümliche
nachzuweisen. Es ist bereits oben darauf aufmerksam gemacht
worden, dass Esra gerade die Hebung·der sozialen Stellung
der Leviten angestrebt und bis zu einem gewissen Grade im
Vereine mit Nechemia auch erfolgreich durchgesetzt hat.[2]) Es
war aber ein allgemeiner Brauch, die aus den ältesten soferischen
Zeiten herstammenden Verordnungen und Einrichtungen auf
Esra zurückzuführen, und insofern ist die Nachricht des Talmud,
dass Esra die Leviten durch Entziehung des Zehnten bestraft
habe — eine Nachricht, die widerspruchslos hingenommen
wird, und der auch Maimonides in seinem Kodex Aufnahme
gewährt — von grösster Wichtigkeit; denn sie lehrt uns, dass
die Massregelung der Leviten sehr früh, jedenfalls vor Simon
dem Gerechten, mit welchem das soferische Zeitalter abschliesst,
stattgefunden hat, weshalb auch die Mischnahlehrer mit ihr
als mit einer, wenngleich dem Bibelworte widerstreitenden, dennoch zu Recht bestehenden Thatsache rechnen mussten; und da
der Grund der Massregelung nicht mehr bekannt war, bemühte
man sich, ihn künstlich zu rekonstruieren.

Übrigens lässt uns die Tradition doch nicht so ganz im
Unklaren über den Zeitpunkt, in welchem die Strafbestimmung
gegen die Leviten in Kraft getreten ist. Sie teilt uns nämlich
unter Angabe ihres Urhebers eine·Verordnung mit, welche
infolge·der Einziehung des Levitenzehnten notwendig geworden war. Es heisst gleichlautend in der Mischnah
Sota 9, 10 und Maasserscheni Ende: „Der Hohepriester Jochanan
schaffte das Dank- und Bekenntnisgebet beim Zehnten (הודי·יה
מעשר) ab, eben derselbe hob auch die Muntermacher und die
Verwundenden auf (המעוררין והנוקפין), bis zu seinen Tagen

---

[1]) Esra 8. 15.
[2]) Siehe Graetz II b. 129.

hörte man Hammerschläge in Jerusalem (soil. am Halbfeste)
und in seinen Tagen brauchte niemand sich zu erkundigen
nach dem Demai."

Als Grund für die Aufhebung des Bekenntnisgebetes,
welches Deuteron. 26, 12 —15 angeordnet ist, führt der Talmud
an: „weil man den Zehnten nicht vorschriftsmässig weggiebt,
denn die Thora sagt, man gebe ihn den Leviten, wir aber
geben ihn den Priestern. Man kann daher nicht mit gutem
Gewissen die in dem Bekenntnisgebete vorgeschriebene Formel
sprechen: „Auch habe ich ihn gegeben dem Levi ganz nach
deinem Gebote, das du mir befohlen hast."

Es kommt nun vor allem darauf an, festzustellen, welcher
Hohepriester des Namens Jochanan es war, der sich diesen
Eingriff in eine biblische Institution gestattete. Der Talmud
erwähnt mehrmals eines Hohenpriesters dieses Namens; so
wird erzählt,[1] Jochanan habe 80 Jahre das Hohepriesteramt
verwaltet, und an einer anderen Stelle wird hinzugefügt, am
Ende seines Lebens sei er ein Sadducäer geworden. Inbetreff
des Demai, d. h. des zweifelhaft Verzehnteten, teilt die Boraitha
mit, der Hohepriester Jochanan habe in ganz Israel umherge-
schickt und sich überzeugt, dass das gewöhnliche Volk wohl
die Priesterhebe, nicht aber die verschiedenen Zehnten allgemein abzusondern pflege; deshalb verordnete er, dass alle
von einem gewöhnlichen Israeliten (עם הארץ) gekauften Feld-
früchte der Ungewissheit wegen noch einmal zu verzehnten
seien; und da diese Anordnung von jedem Mitgliede der frommen und gelehrten Genossenschaft streng befolgt wurde, konnte
man hinwiederum die von einem Chaber gekauften Früchte
ohne Skrupel verzehren, da mit Sicherheit anzunehmen war,
dass sie vorschriftsmässig verzehntet seien.

Dass an mehreren dieser angeführten Stellen unter
Jochanan kein anderer als der Hasmonäer Johann Hyrkan, der
Sohn Simons, zu verstehen ist, leuchtet ein. Nur er, der in
einer Zeit lebte, in welcher die Wogen des religiösen Lebens
sehr hoch gingen, nur er, dem so viel daran gelegen war, die
Strengfrommen mit der Herrschaft der Makkabäer zu befreun-
den und ihren Widerspruch gegen die Erhebung seines Ge-
schlechtes auf den Königsthron zu beseitigen, nur er und keiner
seiner früheren Namensbrüder im Hohenpriesteramte konnte

---

[1] Joma 9a.

die erschwerende Einrichtung des nochmaligen Verzehntens
des Demai treffen und durchführen. Seiner Zeitrichtung ent-
sprach auch die Verordnung, dass in Jerusalem, woselbst sich
zur Festzeit viele tausend fremde Wallfahrer einfanden, jede
geräuschvolle Arbeit selbst während der Halbfeiertage verboten
wurde.[1] Von Johann Hyrkan wissen wir ferner, dass er in
seinen letzten Regierungsjahren sich der Sadducäerpartei anschloss, und darum ist auch auf ihn, der bei den Juden als
Hoherpriester nur mit seinem ursprünglichen hebräischen Namen
und nicht mit dem griechischen Beinamen „der Hyrkanier" bezeichnet wurde, die Bemerkung des Talmud ולבסוף נעשה צדוקי
mit Sicherheit zu beziehen. Auch kann die Talmudstelle[2]:
„Der Hohepriester Jochanan hörte eine Stimme aus dem Allerheiligsten: die Jünglinge, welche zum Kampfe gegen Antiochus
ausgezogen sind, haben gesiegt," nur von Johann Hyrkan
handeln, dessen Söhne über Antiochus III. einen Sieg davon-
getragen haben.[3]

Daraus aber zu folgern, dass alle Einrichtungen, die im
Talmud dem Hohenpriester Jochanan zugeschrieben werden,
auf Johann Hyrkan zurückzuführen seien, wäre sehr gewagt,
namentlich lässt es sich nicht rechtfertigen, ihm die Abschaffung
des Dankgebetes nach der Entrichtung des Zehnten zuzuer-
kennen. Wie wir gesehen, giebt der Talmud als Grund dieser
Massregel an, dass man den Zehnten nicht vorschriftsmässig
weggegeben, ihn nicht den Leviten, wie das Gesetz verlangt,
sondern den Priestern zugewandt habe.

Eigentümlich! Nicht Esra, der die von der Bibel zu Gunsten
der Leviten getroffene Einrichtung aufhebt, hebt zugleich das
vorgeschriebene Dankgebet auf, sondern erst ein mehr als drei
Jahrhunderte später lebender Hoherpriester kommt auf den
Gedanken, dass man vor Gott eine Unwahrheit ausspreche
durch die in dem betr. Gebete vorkommenden Worte: „Ich habe
gethan ganz nach deinem Gebote, welches du mir befohlen
hast." Man sieht, es ist überhaupt eine Verlegenheitserklärung,
die der Talmud giebt, mit welcher er sich schwerlich begnügt

[1] Auf das Land scheint dieses Verbot nicht ausgedehnt worden zu
sein, wie aus dem Zusatze „in Jerusalem" zu entnehmen ist.
[2] Sota 33a und Tosifta Sota c. 13, 5.
[3] Graetz III, 67. Auch Raschi erklärt zu der Stelle, dass das hier be-
sprochene Ereignis sich während der Regierung der hasmonäischen Könige
an einem Versöhnungstage zugetragen habe.

haben würde, wenn ihm eine andere Erklärung dieser direkt
gegen die Bibel verstossenden Massregel zu Gebote gestanden
hätte. Aber eine alte Tradition existierte nun einmal, nach
welcher die Abrogierung des Zehntengebotes von dem Hohenpriester Jochanan herrührte, und mit dieser Überlieferung
musste der Talmud wohl oder übel rechnen und nach einem
Grunde für das Verfahren Jochanans suchen. Dass ein Geringerer als Esra es habe wagen dürfen, den Leviten den
ihnen von der Schrift zudiktierten Anteil zu entziehen, hielt
der Talmud kaum für denkbar; auch war es im allgemeinen
üblich, alle wichtigen Einrichtungen aus der soferischen Zeit
auf Esra zurückzuführen, und steht es ja wissenschaftlich fest,
dass die im Talmud so oft angegebene Urheberschaft Esras
nur das hohe Alter der betr. Anordnung bezeichnet und dieselbe als aus der Zeit der ecclesia magna herrührend erkennen
lässt. Dies ist z. B. bei der synagogalen Einrichtung der
Thoravorlesung an Sabbathen, Fest- und Neumondstagen und
am Montag und Donnerstag der Fall, ebenso bei der Anordnung der zweimal wöchentlich stattfindenden Gerichtssitzungen
und bei vielen anderen Institutionen, die für das politische und
religiöse Leben von Wichtigkeit waren.[1]) Aber selbst wenn
wir in diesem Falle die allgemeine Regel nicht gelten lassen
und von der angeblichen Bestrafung der Leviten durch Esra
nicht einmal insoweit Notiz nehmen wollen, um die vorschrifts-
widrige Verwendung des Levitenzehnten in die frühere soferische
Zeit zu versetzen; wenn wir vielmehr annehmen, erst in den
Tagen Johann Hyrkans habe sich dieser Missbrauch einge-
bürgert: wird es dann erklärlich, dass demselben von dem
Hohenpriester und dem Synhedrium feierlichst Sanktion erteilt
worden sei? Durfte Johann Hyrkan sich unterfangen, in einer
Zeit, in welcher man die allerstrengste Beobachtung der Reli-
gionsgesetze anstrebte und zu deren Durchführung sich nicht
scheute, eine so tief einschneidende Massregel zu treffen wie
die, dass auch von denjenigen Feldfrüchten, die man nicht
selbst geerntet, sondern von anderen gekauft hatte, zur Beseitigung der religiösen Skrupel nochmals die Abgaben für
die Priester, die Leviten und die Armen abgesondert und
teilweise auch fortgegeben werden sollten, — konnte in einer
solchen Zeit ein um die Gunst des Volkes buhlender, nach

---

[1]) Graetz II b. 177.

dem Beifalle der Gelehrten und Frommen trachtender Fürst
und Priester sich unterfangen, ein bis dahin beobachtetes bibli-
sches Gebot kurzweg zu beseitigen? Warum liess er nicht
wenigstens für die Chaberim das Dankgebet bestehen? Warum
trug er nicht Sorge, dass diese der Vorschrift gemäss den
ersten Zehnten wieder den Leviten überliessen und dann mit
gutem Gewissen das Gebet verrichteten? Und der Missbrauch
hinsichtlich der Verteiluug des Levitenzehnten herrschte doch
auch unter den Chaberim, ja wie aus dem Wortlaute des Talmud[1]) ואנן קא יהבינן לכהנים und aus der ganzen Darstellung
hervorgeht, vorzugsweise in diesen Kreisen; denn von dem
gewöhnlichen Volke wurde ja ausser der Priesterhebe überhaupt grösstenteils kein Zehnten abgesondert. Alle diese Erwägungen rufen in uns die Überzeugung hervor, dass die Verfügung inbetreff des Demai und die Abschaffung des Bekenntnisgebetes, weil sie einander ganz und gär widersprechen,
unmöglich einen und denselben Urheber haben können.

Wenn Graetz[2]) den Missbrauch in der Zehntenverteilung
zur Zeit Johann Hyrkans als eine Gewohnheit bezeichnet, die
sich während der mehrere Jahre dauernden Anarchie, d. h.
während der Makkabäerkämpfe eingelebt hatte, so ist dies
höchstens zutreffend für das von einem Teile des Landvolkes
beobachtete Verfahren, den Zehnten überhaupt nicht zu ent-
richten, obwohl auch hiergegen schwere Bedenken sich geltend
machen lassen. Für die frommen Genossenschaften trifft es
sicher nicht zu; denn ihre Mitglieder hatten sich ja gerade zu
dem Zwecke zusammengethan, die Abgaben streng nach der
Vorschrift zu leisten, und durch die Verordnung des Hohenpriesters Jochanan wurde das Bekenntnisgebet doch für alle
abgeschafft, oder eigentlich in erster Reihe für die Genossenschaften und den kleinen Teil des Landvolkes, der den Zehnten absonderte; für die übrigen, die überhaupt nicht verzehnteten, bedurfte es nicht erst der Aufhebung des Gebetes, welches
nicht bloss wegen der Worte וגם נתתי ללוי sondern auch wegen
der vorhergehenden בערתי הקרש מן הבית[3]) zu einer Lüge in
ihrem Munde geworden war. Übrigens sieht Graetz selbst sehr
wohl ein, dass das Verfahren Jochanans, d. i. nach seiner
Meinung Johann Hyrkans, geradezu rätselhaft erscheint; denn

---

[1]) A. a. O.
[2]) III, 98.
[3]) Deuteron. 27, 13.

er fügt seiner Darstellung die Bemerkung hinzu: „Man begreift nicht, warum Johann Hyrkan nicht imstande war, diesen Missbräuchen zu begegnen." Es wird auch die Abschaffung des Zehntengebetes niemals begriffen werden, wenn wir Johann Hyrkan als ihren Urheber betrachten. Sei es, dass wir uns auf den unkritischen Standpunkt des babylonischen Talmud stellen und die Einziehung des Levitenzehnten zu Gunsten der Ahroniden als eine Strafverfügung Esras auffassen, sei es, dass wir darin einen aus der Zeit der Makkabäerkämpfe herrührenden Missbrauch erblicken — in keinem Falle sind die auftauchenden Bedenken zu beseitigen. Wenn Esra oder · einer seiner Nachfolger die Leviten in der erwähnten Weise gestraft hat, so hätte er sicher auch die Recitierung des Gebetes abgeschafft, dessen Wortlaut ja das von ihm verkürzte klare Recht der Leviten deutlich erkennen liess und dem Volke immer von neuem feierlichst in Erinnerung brachte. War es aber nur ein nachgerade zum Gewohnheitsrecht gewordener Missbrauch aus jüngster Zeit, so hätte Johann Hyrkan wohl nicht gezögert, die zur Beseitigung desselben erforderlichen Schritte zu thun, nimmermehr hätte er ihn durch eine so verfehlte Verfügung verewigt und der Gesetzesverletzung, die er anderweitig so thatkräftig bekämpfte, ein so weitgehendes Zugeständnis gemacht.

Wir sind aber aus aller Verlegenheit und haben ausserdem einen klassischen Beleg für eine nicht wegzuleugnende Thatsache, wenn wir unter dem in der Mischnah erwähnten Hohenpriester Jochanan einen ja auch anderweitig bezeugten nicht lange nach Esra lebenden Jochanan verstehen, und zwar denselben, der durch die Ermordung seines Bruders Josua und die infolge dieser Unthat über das Land heraufbeschworene Bedrückung von seiten des persischen Satrapen eine traurige Berühmtheit erlangt hat. In seine Zeit fallen, wie wir gesehen haben, die heftigen Kämpfe zwischen Priestern und Leviten, in seiner Zeit sind alle die Kampf- und Strafgesetze erlassen worden, welche den Leviten eine Wiederholung ihrer Angriffe auf die Vorrechte der Ahroniden in Zukunft unmöglich machen sollten. Nur damals im Übermute des Siegers konnte das rücksichtslose Priestertum es wagen, den Leviten, die ausser dem Zehnten keine fixierten Einkünfte hatten, diese Sporteln zu nehmen und sie lediglich auf die Mildthätigkeit der Begüterten zu verweisen, sie also auf dieselbe Stufe mit den Armen

und Dürftigen zu stellen. Die Abschaffung des Bekenntnisgebetes war nur eine natürliche Folge dieser Massregel. Am
liebsten freilich hätten die Priester das Gebet selbst oder doch
die verfängliche Stelle „und ich habe ihn (den Zehnten) dem
Levi gegeben" aus der Bibel eliminiert; aber das Deuteronomium war allzubekannt und in vielen Exemplaren im ganzen
Lande verbreitet, daran liess sich füglich nichts ändern. Ebensowenig konnte die direkt von dem Levitenzehnten handelnde
Stelle in Numeri, die seit Esra und Nechemia als regelnde
Norm angesehen worden war, ohne Schädigung der heil. Schrift
entfernt oder auch nur umgestaltet werden. Denn Zusätze zum
Pentateuch liessen sich weit eher anbringen und als nachträglich aufgefundene alte Bestandteile dem Kanon einfügen,
als einmal vorhandene und in den Kreisen der Schriftgelehrten
bereits bekannte Abschnitte sich beseitigen liessen. So half
man sich denn einfach damit, die Leviten der durch das Gesetz
ihnen eingeräumten Rechte für unwürdig zu erklären und die
ihnen zugedachten und viele Generationen hindurch zugeteilten
Benefizien dem Priesterstande zuzuwenden, dessen Einkünfte
dadurch wesentlich erhöht wurden. In logischer Konsequenz
dieser Thatsache musste man auch das Zehntengebet abschaffen,
da man ja durch seine Beibehaltung das Volk beständig an
die Ungesetzlichkeit der verfügten Massregel erinnert und
seine Bereitwilligkeit, den Zehnten den Priestern zu geben,
beeinträchtigt hätte. Der Satz der Mischnah יוחנן כהן גדול
העביר הודית מעשר heisst daher im Grunde nichts anderes als:
unter Jochanan wurde die Anordnung getroffen, dass der Zehnten den Priestern und nicht mehr, wie bis dahin, den Leviten
zufalle. Was die eigentümliche Form betrifft, in welcher diese
alte Tradition uns aufbewahrt ist, dass nämlich nicht die
eigentliche Massregel der Einziehung des Levitenzehnten, sondern die infolge derselben notwendig gewordene Abrogierung
des Zehntengebotes an den Namen des Hohenpriesters Jochanan
geknüpft wurde, so ist der Grund hierfür wohl in dem Umstande zu suchen, dass alle auf den öffentlichen Kultus im
Tempel zu Jerusalem von Einfluss gewordenen Bestimmungen
sich dem Gedächtnisse treuer einprägten als die für die religiöse
Praxis der einzelnen Israeliten massgebenden Verfügungen.
In den Kreisen der Tempelbeamten blieb die Thatsache un-
vergessen, dass seit den Tagen des Hohenpriesters Jochanan
die früher üblich gewesene feierliche Ablegung des Bekenntnis-

gebetes aufgehört hatte; möglicher Weise gab es sogar in den Tempelannalen eine schriftliche Aufzeichnung hierüber. Nicht aber war die Erinnerung an die Beweggründe, welche zu der wichtigen Abänderung geführt hatten, lebendig geblieben, da dieselben für das Verhalten der Gesamtheit belanglos waren.

Nicht unerwähnt bleibe der von der Auffassung des babylonischen Talmud abweichende Standpunkt, den der jerusalemische Talmud in dieser Frage einnimmt. Er gedenkt zunächst mit keiner Silbe des Umstandes, auf welchen der babylonische Talmud den eigentlichen Nachdruck legt, dass nämlich die Einziehung des Levitenzehnten auf einer, sei es nun von Esra oder einem anderen erlassenen Strafverfügung basiere. Er erklärt vielmehr die vom Hohenpriester Jochanan angeordnete Aufhebung des Bekenntnisgebetes damit, „weil man die Leute in Verdacht hatte, dass sie den Zehnten den Priestern gäben"[1]) und in der darauf folgenden Diskussion wird mitgeteilt, dass habgierige und herrschsüchtige Priester, wie Eleasar ben Pachura und Jehuda ben Pakura mit Gewalt den Zehnten an sich gerissen hatten, und dass Jochanan, anstatt dem Missbrauche zu steuern, wie er es wohl vermocht hätte, sich damit begnügte, das infolge dieses Missbrauches zu einer Unwahrheit gewordene Zehntengebet abzuschaffen, weshalb auch ein Gesetzeslehrer unverhohlen seine Missbilligung über das Verfahren des Hohenpriesters ausspricht und der Ansicht Raum giebt, dass zwar die übrigen von Jochanan herrührenden Einrichtungen ihm zum Ruhme gereichten, die Abschaffung des Bekenntnisgebetes aber zur Schmach.[2]) Es ist kaum anzunehmen, dass in den Kreisen der palästinensischen Amoräer die Überlieferung von einer gegen die Leviten erlassenen Strafverfügung gänzlich unbekannt gewesen ist; es herrschte überdies ein reger Wechselverkehr zwischen den Gelehrten des Westens und denen Babyloniens, und aus dem babylonischen Talmud geht klar hervor,[3]) dass die Einziehung des Levitenzehnten allgemein als ein Strafakt angesehen wurde und dass eine Meinungsverschiedenheit allenfalls über die Ursache der Bestrafung existierte, oder, wie sich im weiteren Verlaufe ergiebt, auch nicht einmal hierüber, dass die Meinungsverschiedenheit sich

---

[1]) Jer. Talmud, Trakt. Sota. Absch. 9, Halacha 11. משנחשרו להיוה נוחנין מעשׂר לכהונה

[2]) העביר הודיה מעשׂר זו לגנאי

[3]) Jebamoth 86 b.

vielmehr darauf beschränkte, zu wessen Gunsten die den Leviten entzogenen Anteile an den Sporteln zu verwenden seien,
ob zu Gunsten der Armen oder zu Gunsten der Priester, damit
diese nämlich zur Zeit ihrer Unreinheit, wenn ihnen der
Genuss der Priesterhebe untersagt war und sie gewissermassen
auch als Arme zu betrachten waren, etwas hätten, wovon sie
leben könnten. Da an dem Grundsatze, „Sträfgelder fallen den
Armen zu,"[1]) nicht zu rütteln ist, die gewundene Deutung jedoch, dass die Priester zeitweilig zu den Armen zu zählen seien,
nicht ausreichte, um den üblichen Brauch, oder richtiger Missbrauch, der Ablieferung des Zehnten an die Ahroniden zu
rechtfertigen, nahmen die Redaktoren des jerusalemischen Talmud
diese Erklärung gar nicht auf und liessen es lieber unent-
schieden, ob in dem Verfahren des Hohenpriesters Jochanan
eine rühmliche oder unrühmliche That zu erblicken sei, zumal
da ja auch mehrere Stellen der Mischnah und Boraitha, auf
welche wir noch zurückkommen werden, zur Evidenz beweisen,
dass in nachsoferischer Zeit das Anrecht der Leviten an den
Zehnten theoretisch teilweise wieder anerkannt wurde und auch
praktisch mehrfach zur Durchführung gelangte.

In einer vor kurzem erschienenen Schrift „der Zehnten
im nachexilischen palästinensischen Staate" von Dr. Heinrich
Biberfeld macht der inzwischen verstorbene Verfasser, nachdem
er die im Talmud verbreitete Ansicht von der Strafentziehung
des Levitenzehnten durch Esra als eine irrige nachgewiesen,
den Versuch, die Veränderungen in der Zehntenverteilung
folgendermassen zu erklären:

„Die Verschiebung sei ursprünglich nicht zu Gunsten
„der Priester, sondern im Interesse der Armen vorgenommen
„worden. Da nämlich der Levitenzehnten in drei Jahren
„dreimal und der Armenzehnten nur einmal ausgeteilt
„wurde, die Nachkommen der wenigen Leviten also eine
„um das Dreifache grössere Abgabe erhielten als die Ge-
„samtheit der übrigen Bedürftigen, hätten die Leviten
„anfangs freiwillig, einem moralischen Drucke nachgebend,
„einen Teil ihres Zehnten den Armen überlassen; allmäh-
„lich habe man sich daran gewöhnt, den Zehnten gar
„nicht erst an die Leviten zu verabreichen, sondern ihn
„direkt an Bedürftige auszuhändigen. Wenn sich nun

---

[1]) קנסא לעניים

„die Leviten über ein solches Verfahren beklagten, konnte
„man ihnen mit Fug und Recht ihr unpatriotisches Ver-
„halten zur Zeit Esras vorhalten, denn dieses hatte ja
„das numerische Missverhältnis zwischen ihnen und den
„anderen Bedürftigen verursacht. Aus diesem Thatbestande
„heraus entwickelte sich die Anschauung, welche der Zeit
„Esras die Veränderung in der Zehntenverteilung zuschrieb
„Später wurde durch die glücklichen Makkabäerkämpfe
„ein grösserer Wohlstand im Lande herbeigeführt, die
„Bedürftigkeit der niederen Klasse verringert, die An-
„sprüche der Priester, die eine immer mehr dominierende
„Stellung einnahmen, wurden hingegen gesteigert, wes-
„halb diese den Anteil am Levitenzehnten, der den recht-
„mässigen Eigentümern bereits von den anderen Bedürf-
„tigen abgezwungen worden war, nach und nach sich
„selbst zu verschaffen trachteten. Zunächst trat dieser
„Anspruch der Priester nur latent auf; weil es dann aber
„thatsächlich immer offenkundiger wurde, dass sie den
„Levitenzehnten forderten und auch erhielten, sah der
„Fürst und Hohepriester Johann Hyrkan sich veranlasst,
„das ganze Bekenntnisgebet abzuschaffen, um nicht im
„Tempel bei einem feierlichen Akte eine offenkundige
„Lüge recitieren zu lassen."
Diese Erklärung leidet jedoch an gar zu vielen inneren
Unwahrscheinlichkeiten und Widersprüchen. Dass die Leviten
einen Teil ihrer Einkünfte freiwillig an die Armen abgegeben
hätten, wird schwerlich Glauben finden; die Ausschliessung
von Besitz an Grund und Boden, welche den Anspruch der
Priester auf den Zehnten rechtfertigen sollte, galt auch für die
Leviten, und eine grössere Ungerechtigkeit liesse sich kaum
denken als die, dass man den Leviten, für die es absolut keine
anderen Sporteln als den Zehnten gab, diesen gänzlich entzogen und ihn, da die Armen ihn nicht mehr brauchten, ausschliesslich den Priestern zugewiesen hätte. In Wahrheit wird
es wohl der Bedürftigen immer noch genug im Lande gegeben
haben, so dass man bei Erweisung von Wohlthaten nicht nötig
hatte, auf die in so dominierender Stellung befindlichen Priester
Bedacht zu nehmen. Die Wunden des Krieges schlossen sich
zwar allmählich unter der Regierung Simons und Johann
Hyrkans, aber dass der Wohlstand des Volkes in den wenigen
Jahren, die ja immer noch manche kriegerische Verwickelungen

und selbst Niederlagen brachten, in dem Masse gestiegen sei, dass das Bedürfnis, eine reichlich fliessende Einnahmequelle den Armen zu erhalten, nicht mehr vorhanden gewesen wäre, ist sicherlich nicht anzunehmen. Dazu kommt, dass das frühere Missverhältnis in der Zahl der Priester und Leviten zur Zeit Johann Hyrkans gar nicht mehr bestand. Die Zunahme der Bevölkerung war eine allgemeine, und die Leviten hatten auch Anteil daran. Angenommen aber, die Leviten wären immer numerisch so schwach geblieben wie im ersten Jahrhundert des nachexilischen Staates, dann war es um so weniger gerechtfertigt, ihnen jeglichen Anteil am Zehnten zu nehmen; denn dann waren sie ja zum grössten Teile durch ihre Tempelämter in Anspruch genommen und konnten sich keiner anderen gewinnbringenden Beschäftigung widmen. · Endlich lehren uns mehrere Mischnah- und Boraithastellen, dass der Hohepriester Jochanan — und da ist es unzweifelhaft Johann Hyrkan — sich die Überzeugung verschafft hatte, dass ein grosser Teil des Volkes ausser der Priesterhebe keine der von der Religion vorgeschriebenen Abgaben leistete; und da sollte der nur von einem kleinen Teile entrichtete Zehnte für die Bedürfnisse der Leviten und nun gar der Armen als zu reichlich befunden worden sein? Da sollten die Frömmeren im Volke, namentlich die Assidäer, die Gelehrten und Chaberim sich haben bereit finden lassen, dem klaren Wortlaute der Schrift entgegen den Zehnten den rechtmässigen Eigentümern, die nichts verbrochen, die in den Hasmonäerkämpfen ebenso gut wie die Priester ihr Blut für Religion und Vaterland verspritzt hatten, zu entziehen? Das ist mehr als unwahrscheinlich. Das Anrecht an dem Zehnten kann den Leviten nur als Strafe für irgend eine Frevelthat aberkannt worden sein, und als eine solche Frevelthat ward ihnen das gewaltsame Streben nach priesterlichen Vorrechten zur Zeit des ersten Hohenpriesters Jochanan angerechnet, das einen für sie unglücklichen Ausgang hatte und sie gänzlich der Rache des tief beleidigten siegreichen Priesterstandes preisgab.

VIII.

Die Wirkung der von den Priestern rücksichtslos durchgeführten Massregeln war für die Leviten eine geradezu niederschmetternde. Fast am Ziele ihrer Wünsche wurden sie plötz-

lich tief unter das Niveau herabgedrückt, auf welchem sie sich
zur Zeit der Rückkehr aus dem Exile befunden hatten. Im
Tempel war ihnen jede dominierende Stellung genommen, beim
Opfer fanden sie keine Verwendung mehr, die Tempelpolizei
und die Oberaufsicht über das Heiligtum, die ihnen doch
Ezechiel als wichtigste Befugnisse zuerkannt und um derent-
willen sie den Namen שומרי משמרת הבית erhalten hatten, wurden ihnen entzogen und den Priestern übertragen. Alle wichtigen Tempelämter befanden sich fortan im ausschliesslichen
Besitze der Priester, und den Leviten blieben nur die niederen
Dienstleistungen der Thorwärter und der Tempelgesang. Doch
selbst hierbei mussten sie sich mancherlei Demütigungen gefallen lassen. Sie durften die Tempelwache nur von aussen
versehen, während die drei Wachtposten im Inneren von
Priestern besetzt waren[1] die Ämter der Aufseher, der Schatz-
meister, der Einnehmer (גיזבר' אמרכל' ממונה'), kurz alle autori-
tativen Stellen waren in den Händen der Priester;[2] die levitischen Wachtposten waren durchaus nicht als Ehrendienst
aufzufassen, deshalb unterstanden sie auch der Kontrolle eines
Ahroniden, der das Recht der schwersten körperlichen Züch-
tigung gegen sie hatte, sobald er sie auf einer Vernachlässigung
ihrer Dienstpflichten ertappte, und von diesem Rechte auch
oft genug Gebrauch machte[3]

Der Tempelgesang freilich konnte den Leviten nicht genommen werden; denn sie hatten hierin durch eine Generationen
hindurch andauernde Übung eine Kunstfertigkeit und Gewandtheit erlangt, welche sich die Priester nicht so leicht zu erwerben vermochten. Und abschaffen oder auch nur ein-
schränken und vereinfachen liess sich der Tempelgesang nicht
mehr; denn er verlieh dem Opfer und dem ganzen Kultus
überhaupt erst die rechte Weihe, und das Volk legte einen
sehr hohen Wert darauf. Darum mussten die Priester diesen

---

[1] Bab. Talmud, Trakt. Midoth, Abschn. 1. Maimonides, Hilchot beth
habchira, 8.

[2] Zwar sagt die Tosifta Schekalim 2, 14 bei der Erklärung der Obliegenheiten des Amarchal היו כשרים בכהנים ובלוים ובישראל Diese Angabe steht aber im Widerspruche mit der Mischnah und dem jerus. Talmud,
aus denen hervorgeht, dass es priesterliche Funktionäre waren. Höchstens
könnte man die Sache so erklären, dass theoretisch auch Nichtpriester die
Berechtigung zu diesem Amte hatten; in der Praxis aber wurde es stets von
einem Priester verwaltet.

[3] Midoth 1, 2.

Teil der gottesdienstlichen Verrichtungen im Tempel uneingeschränkt den Leviten freigeben; nur insoweit machten sie ihren Einfluss auf den Gesang geltend, dass sie für sich das Recht in Anspruch nahmen, das Zeichen zum Anfang desselben zu geben, so dass die Leviten nicht früher beginnen durften, als bis sie die Weisung von den Priestern erhalten hatten. Auch scheint die Sängerabteilung unter Oberaufsicht eines Ahroniden gestanden zu haben, der, in der Gesangeskunst erfahren, gewissermassen als oberster Leiter des Sängerchores fungierte und durch sein Amt die Rechte des Priestertumes auch auf diesem Gebiete wahrnahm.[1])

Immerhin erfreuten sich die Sänger einer grossen Beliebtheit und galten bald als die vornehmste Klasse der Leviten. Ihnen waren noch die meisten Berührungspunkte mit den Priestern geblieben, da sie bei den feierlichsten Gelegenheiten mitzuwirken und die priesterlichen Funktionen, namentlich die Opferhandlungen weihevoll zu gestalten hatten. Der eigentliche Levitendienst, der seit der Rückkehr aus dem babylonischen Exile von den משרתים, den λειτουργοῦντες Λευῖται versehen wurde und der denen, die ihm oblagen, eine der priesterlichen nahe verwandte Heiligkeit verlieh, hörte ganz und gar auf. Die ראשי הלוים, wie sie bei Nechemia genannt werden, welche noch lange Zeit nach der Verschmelzung mit den Sängern und Thorwärtern die Aristokratie des Levitentumes ausmachten und noch früher allein auf den Namen Leviten Anspruch gehabt hatten, mussten jetzt froh sein, wenn sie in den Reihen der Sänger Verwendung fanden und nicht gezwungen waren, als Thorwärter sich mit einer noch untergeordneteren Stellung zu begnügen.

Wenn Josephus eines Teiles des Levitenstandes erwähnt, welcher noch kurz vor dem Untergange des Tempels den Dienst

---

[1]) Ich schliesse dies aus den Worten des jerusalemischen Talmud, Trakt. Schekalim 5, 2 und der fast gleichlautenden Stelle im babylonischen Talmud, Joma 38b: „Hogros (Hogdos) ben Levi vermochte, wenn er seinen Daumen in den Mund steckte, eine ganz eigentümliche und verschiedenartige Musik hervorzurufen, so dass seine Brüder, die Priester sich kopfüber stürzten." Der Ausdruck „seine Brüder, die Priester" zwingt uns zu der Annahme, dass er selbst dem Priestergeschlechte angehörte und dass Levi der Name seines Vaters, nicht, wie Raschi (Joma 38a) annimmt, Gentilname gewesen ist. Was Raschi zu seiner Erklärung veranlasst hat, darüber weiter unten.

im Heiligtume versah,[1]) so ist hierbei durchaus nicht an einen
liturgischen Dienst verrichtende Leviten zu denken; vielmehr
sind nur die niederen Dienstleistungen der Leviten, der Wacht-
posten- und Thürschliesserdienst, gemeint, wie ja auch deutlich
aus dem Verlangen der Angehörigen dieser Klasse zu ersehen
ist, die Hymnen und Psalmen zu erlernen, d. h. in die Sängerabteilung aufgenommen zu · werden. Wären sie liturgische
Leviten im früheren Sinne des Wortes gewesen, so würden sie,
ihres Vorranges sich wohl bewusst, ein so thörichtes Verlangen,
dessen Gewährung einer Degradierung gleichkam, sicher nicht
gestellt haben. Die jüdische Tradition lässt auch darüber einen
Zweifel nicht obwalten, dass es in der späteren Zeit des nachexilischen Staates nur noch zwei Klassen von Leviten, nämlich
Sänger und Thorwärter gegeben, und dass die Dienstleistungen der
ehemaligen liturgischen Leviten zum Teil auf die Priester, zum Teil
auf das Volk übergegangen waren. Im Talmud ist niemals von
einem anderen levitischen Dienste als von dem Gesange und
der Bewachung des Tempels die Rede, und der erstere Dienst
gilt als der vornehmere. Maimonides[2]) fasst die Obliegenheiten
der Leviten folgendermassen zusammen: Ihr Dienst besteht
darin, das Heiligtum zu bewachen; ein Teil von ihnen sind
die Pförtner, sie haben die Thore des Heiligtumes zu öffnen
und seine Thüren aufzuschliessen, ein anderer Teil sind die
Sänger, welche täglich beim Opfer den Gesang auszuführen
haben gemäss dem Schriftworte:[3]) „Er diene in (mit) dem Namen
Ihwh's, seines Gottes, wie alle seine Brüder, die Leviten, die
dort vor Ihwh stehen." Und welches ist der Dienst, der in
(mit) dem Namen Gottes geschieht? Antwort: „Das ist der
Gesang." Das Andenken an die frühere Einrichtung, nach
welcher die Leviten beim Opfern selbst Hülfsdienste zu leisten,
das Schlachten und Hautabziehen der Opfertiere zu besorgen,
die Mahlopfer zu kochen und sonstige den genannten ähnliche
Funktionen zu verrichten hatten, war gänzlich geschwunden,
oder man ignorierte die ehemaligen Zustände absichtlich, weil
man sie mit den späteren nicht in Einklang zu bringen vermochte und weil man das Bestreben hatte, die Entwickelungs-
form, welche der Kultus im Laufe der Zeit angenommen, als
im Gesetze durchweg begründet und in demselben vorgesehen

---

[1]) Altert. XX, 9, 6. λειτουργοῦντες κατὰ τὸ ιερόν.
[2]) Mischneh Thora: Hilchoth kele hammikdasch 2, 3.
[3]) Deuteron. 18, 7.

zu bezeichnen. Die Erinnerung an die abweichenden Bräuche
früherer Tage und gar der Hinweis auf die den thatsächlichen
Verhältnissen vielfach widersprechenden prophetischen Bestimmungen hätte nur störend wirken und den Glauben an die
Legalität der kultuellen Einrichtungen abschwächen können.

Am grellsten musste der Widerspruch zwischen den in
den letzten Jahrhunderten des jüdischen Staatslebens geltenden
religiösen Institutionen und dem sogenannten Priesterkodex
Ezechiels hervortreten. Oft genug wurde namentlich in der
hasmonäischen Periode, als man dem biblischen Schrifttume
eine erhöhte Aufmerksamkeit zuwandte, die Frage ventiliert,
wie man das Anstössige des Buches Ezechiel, das so klar zu
Tage trat, durch irgend eine gewundene Erklärung wegdeuten
und die Einheit und Gleichheit der biblischen Priester- und
Opfergesetzgebung aufrecht erhalten könne. Aber alle derartigen Versuche vermochten nicht die Kluft zu überbrücken,
welche den Forschern entgegengähnte, und man sann auf ein
Radikalmittel, um den Stein des Anstosses, den der Prophet
des Exiles auf den Pfad der Kultusordnung gewälzt hatte, zu
beseitigen. Hauptsächlich waren die Gelehrten strengerer
Observanz, die Schammaiten, entrüstet über die in Wahrheit
einer früheren Kultusperiode angehörenden, nach kanonischer
Auffassung jedoch einen Bruch mit der sinaitischen Offen-
barungslehre bekundenden Opfer- und Priesterbestimmungen
Ezechiels[1]) und es bildeten sicherlich nicht bloss die im Talmud
angeführten Stellen (Ez. 44, 31 und 45, 18. 20) den Stein des
Anstosses. Ebenso befremdend, ja geradezu unbegreiflich
musste die Darstellung von der Entstehung des Levitentumes
und den diesem Stande eingeräumten Befugnissen erscheinen;
und hätten nicht die Hilleliten an dem begüterten, einflussreichen und tonangebenden Schammaiten Eleasar ben Anania
einen unerwarteten Bundesgenossen gefunden, so wäre das
Buch Ezechiel wenige Jahre vor der Zerstörung des zweiten
Tempels aus der Reihe der kanonischen Schriften verwiesen
und zu den Apokryphen versetzt worden[2])

Es könnte auffallend erscheinen, dass von den Leviten
nicht wenigstens der Versuch gemacht worden ist, im Laufe
der Zeit, als die Animosität gegen sie nachgelassen hatte, ihre

[1]) שהיו דבריו סותרין דברי תורה:
[2]) Bab. Talmud, Trakt. Sabbath. 13b, Menachoth 45a, Chaggiga 13a.
Siehe Graetz III, 357 und Note 26.

Stellung zu verbessern und sich allmählich wieder ein grösseres
Ansehen im Volke zu verschaffen. Denn wenn auch unmittelbar nach dem Siege des Priestertumes die Stimmung gegen die
Leviten eine sehr erbitterte war, und die Schriftgelehrten, die
sich früher, als jene sich noch im Besitze der wichtigsten
Staats- und Tempelämter befanden, wohl manche Zurücksetzung
und Demütigung von ihnen hatten gefallen lassen müssen,
den Priestern hülfreiche Hand zur Unterdrückung der Leviten
boten, so musste doch nach und nach das Mitgefühl für sie
rege werden und die Erkenntnis sich Bahn brechen, dass man
sie allzu hart behandelt und ihnen eine ihrer nicht würdige
Stellung zugewiesen hatte. Die Gesetzgebung zu ihren Gunsten
zu ändern, war freilich nicht gut möglich; denn dadurch hätten
die Priester und die mit ihnen verbündeten Soferim sich selbst
ein Misstrauensvotum erteilt und ihr bisheriges Vorgehen als
ein ungerechtfertigtes und gewaltsames gekennzeichnet. Auch
würde die Autorität des Gesetzes durch einen so häufigen und
schnellen Wechsel in den Augen des Volkes eine wesentliche
Einbusse erlitten haben und das gesamte religiöse Leben dadurch nachteilig beeinflusst worden sein. Aber in der Praxis
konnte immerhin manche Bestimmung milder gehandhabt,
mancher Brauch aus der früheren Zeit wieder eingeführt werden. Im Grunde hatten doch die Priester und Leviten viele
gemeinsame Interessen und konnten die gegenseitige Unterstützung nicht entbehren. Der persönliche und dienstliche
Verkehr im Tempel, welcher die beiden Beamtenklassen tagtäglich mit einander in Berührung brachte, war auch geeignet,
die Gegensätze zu lindern und ihnen viel von der Schroffheit
zu nehmen, welche in der ersten Zeit geflissentlich zur Schau
getragen war.

Allein so lange die Leviten in ihrer, wenngleich nur
passiven, Opposition verharrten, so lange sie nicht ihren ehrgeizigen Plänen ehrlich und aufrichtig entsagten und das Misstrauen der Priester und Schriftgelehrten beseitigten, war an
eine durchgreifende Besserung ihrer Lage nicht zu denken, so
lange durften sie nicht hoffen, wieder eine einflussreiche soziale
und politische Stellung zu erlangen. Sie mussten sich daher
wohl oder übel auf den Boden der Thatsachen stellen und mit
der durch ihre eigene Schuld so unvorteilhaft gewordenen Position aussöhnen. Je schneller sie es thaten, je rückhaltloser
sie die nun einmal bestehenden Zustände acceptierten und

deren Gesetzlichkeit anerkannten, desto eher war es möglich, die herrschende Abneigung zu überwinden und sich eines oder das andere von den verloren gegangenen Privilegien zurückzuerobern. In Levitenkreisen hat man, nachdem die Einsicht durchgedrungen war, dass an der Suprematie des Ahronidentumes nicht mehr zu rütteln sei und das Levitentum nur im engen Anschluss an die Priester eine bescheidene Rolle zu spielen vermöge, sicherlich oft darüber nachgedacht, wie man, ohne einen neuen Sturm heraufzubeschwören, den tief gesunkenen Levitenstand heben und den von ihm ausgeübten Funktionen eine Bedeutung beilegen könnte, die sie, wenn auch nicht als gleichwertig mit den priesterlichen heiligen Verrichtungen, so doch als hochwichtig für die Gesamtheit erscheinen lassen müsste. Wenn es gelang, die Verdienste, welche sich die Leviten in früherer Zeit um das öffentliche religiöse Leben erworben, in das rechte Licht zu setzen, ohne hierbei eifersüchtige Regungen gegen die Ahroniden zu zeigen; wenn den Zeitgenossen ein levitisch-priesterlich gefärbtes Bild der Vergangenheit entrollt wurde, auf welchem die Lieblingsgestalten des jüdischen Volkes in der eifrigen Fürsorge für die jetzt so schnöde behandelten Leviten mit einander wetteiferten; wenn dann an der Hand von Thatsachen der Beweis geliefert wurde, dass ehemals zwischen Priestern und Leviten zum Heile der Gesamtheit ein herzliches Einvernehmen und eine gegenseitige Ergänzung ihrer Thätigkeit stattgefunden hatte: war da nicht zu hoffen, dass eine solche Schilderung einen mächtigen Eindruck auf die Gemüter hervorbringen und die Anbahnung friedlicher, auf gerechter Würdigung der beiden im Tempeldienste beschäftigten Beamtenklassen beruhender Zustände erleichtern würde? Ein Vergleich zwischen Einst und Jetzt musste dann das den Leviten zugefügte Unrecht einem jeden klar vor die Seele führen und dem Wunsche nach Beseitigung desselben zur Stütze dienen. Selbstverständlich konnte hierbei nur d e r Zeitabschnitt der israelitischen Geschichte in Frage kommen, seit welchem Jerusalem als Mittelpunkt des religiösen Lebens seine hohe Bedeutung für den Opferkultus erhalten hat, also die Zeit von David bis zum Untergange des Reiches Juda und der Zerstörung des Tempels. In den über diesen Zeitabschnitt handelnden biblischen Büchern wird, abgesehen von dem Berichte über den Bau des Tempels, von den Dienstleistungen und Funktionen der Beamten des Heiligtumes nur in höchst

dürftiger Weise berichtet. Aber wiederholt wird daselbst auf
ein Jahrbuch der Könige von Juda[1]) verwiesen, das Ausführ-
liches über die Ereignisse der Königszeit enthalten und manches berichten soll, was dort nur angedeutet ist. Könnte diese
Schrift, die längst verloren gegangen war, nicht wieder aufgefunden sein und in einer zeitgemässen Überarbeitung dem
Volke zugänglich gemacht werden? Es waren ja kurz zuvor
auf Betreiben der Priester selbst in den Pentateuch Gesetzes-
einschaltungen gemacht und als von Moses herrührend bezeichnet worden. Warum sollte nicht auch aus levitischen
Kreisen die heilige Literatur einen Zuwachs erhalten, durch
welchen eine empfindliche Lücke in der Geschichte der Kultusentwickelung ausgefüllt wurde?

Aus derartigen Erwägungen, die den im Stande der Notwehr befindlichen Leviten voll berechtigt und durch ihre ver-
zweifelte Lage geboten schienen, ist das merkwürdige Buch
der Chronik (דברי הימים) hervorgegangen, über welches in
neuerer Zeit so viel geforscht, und dessen eigentlicher Lehrzweck bisher doch noch nicht erkannt worden ist. Alle Versuche, Licht und Klarheit in die verworrene Darstellung der
Chronik zu bringen, so dankenswert sie auch sind und so sehr
auch manche interessante Einzelheiten hierdurch ihre rechte Beleuchtung erhalten haben, sind in der Hauptsache bislang erfolg-
los geblieben, weil man den durch den Kampf zwischen Priestern
und Leviten geschaffenen geschichtlichen Hintergrund nicht
berücksichtigte und darum auch in die Absicht des Verfassers
nicht einzudringen vermochte.

Die gründlichste Untersuchung über diesen Gegenstand
ist die von Graetz[2]) angestellte; denn er begnügt sich nicht
damit, die Abweichungen im Buche der Chronik von dem in
den Büchern Samuel und Könige Geschilderten aus der Verschiedenheit der Quellen und aus dem Bestreben zu erklären,
jeden Widerspruch mit dem Pentateuch zu beseitigen, sondern
er bemerkt treffend:

„Mögen die Genealogien echt und richtig sein, so sieht
„man nicht ein, zu welchem Zwecke der Verfasser sie dem
„Leser hat vorführen wollen. Mögen die geringen Zu-
„sätze zur Königsgeschichte quellenmässig historisch sein,
„bedeutend sind sie keineswegs. Der Hauptinhalt der

[1]) ספר דברי הימים למלכי יהודה
[2]) II b, Note 15.

„Geschichte ist aus den Büchern Samuel und Könige
„bekannt. Wozu hat der Verfasser das Bekannte noch
„einmal vorgeführt? Er wollte doch etwa nicht die ge-
„nannten Bücher verdrängen oder ihnen Konkurrenz
„machen? Man sagt: Der Zweck sei gewesen, eine den
„Bedürfnissen seiner Zeit entsprechende Darstellung der
„Geschichte des Volkes Israel, besonders des südlichen
„Teiles, mit dem theokratischen oder priesterlich levitischen
„Massstabe gemessen, zu geben. Allein weder ist das
„Bedürfnis nach einer anderen Auffassung der
„Geschichte nachgewiesen, noch ist dieses durch
„die Darstellung befriedigt, da das geschichtlich Neue
„darin sich auf ein Minimum beläuft, die Genealogien
„aber scheinbar wertlos sind. Man muss demnach einen
„anderen Massstab aufsuchen, an dem der Wert der
„Chronik gemessen werden kann, oder vielmehr der Lehr-
„zweck ihres Inhaltes muss ermittelt werden. Denn dass
„der Verfasser seinen Zeitgenossen irgend eine Belehrung
„hat bieten wollen, welche sie aus den bereits genannten
„Geschichtsbüchern nicht hätten schöpfen können, liegt
„auf der Hand."
Als Lehrzweck des ersten Teiles der Chronik, der die
Genealogien enthält, giebt Graetz sodann das Bestreben des
Verfassers an, „die Reinheit der in Jerusalem und in anderen
Städten wohnenden Familien zu dokumentieren. Denn auf
Familienreinheit wurde damals viel gegeben, und namentlich
war sie für die Priesterehen von ausserordentlicher Wichtigkeit."
Man kann diese Ansicht im allgemeinen als richtig gelten
lassen, obwohl im einzelnen noch manches auffällig bleibt. So
sieht man nicht ein, warum auch die Familienhäupter der
Stämme mit aufgezählt sind, die damals nicht mehr existierten
und daher für den Nachweis der Familienreinheit bedeutungslos
sind. Sodann befindet sich dasselbe Verzeichnis, auf welches
es eigentlich ankommt, mit geringen Abweichungen schon im
Buche Nechemia, und es will nicht einleuchten, warum der
Verfasser der Chronik es hier noch einmal wiederholt.[1]) Den
Lehrzweck des zweiten Teiles, d. h. des eigentlichen Haupt-

---

[1]) Durch die zuerst von Bertheau gegebene Erklärung, dass beide
genealogische Verzeichnisse, das in Nechemia und das in der Chronik,
gleichzeitig verfasst sind, wird unsere Frage nicht berührt. Man begreift
dann nicht, warum diese doppelte Relation notwendig erschien.

teiles der Chronik, findet Graetz in der Apologie für das Haus
David. Dass die Verheissung, Gott werde, wenn die Nachkommen David's sündigen würden, sie zwar züchtigen, aber
nicht abthun, seine Gnade ihnen nicht entziehen, sich erfüllt
habe, das nachzuweisen sei offenbar der Zweck der Erzählung
der Geschichte der judäischen Könige in der Chronik. Ob der
Chronist mit der Glorifizierung des Hauses David lediglich das
messianische Ideal für die Zukunft zeigen oder praktisch eine
Revolution hat veranlassen wollen, dass nämlich die Nachkommen Davids wiederum Könige von Juda oder mindestens
προστάται τοῦ λαοῦ werden sollten, das lässt sich nach Graetz
aus den Andeutungen nicht mehr herauserkennen.

Aber das kann man, sollte ich meinen, aus dem, was uns über
jene Zeit überliefert ist, sehr wohl erkennen, dass damals kein
vernünftig urteilender und politisch reifer Mann auf den Gedanken hat kommen können, die προστασία dem Hohenpriester
zu entreissen und einem Nachkommen Serubabels zu übertragen. Wenn schon Serubabel selbst, der doch unleugbare
Verdienste um das judäische Gemeinwesen hatte, der sich der
Gunst des Perserkönigs erfreute, dem die Propheten Chaggai
und Secharja zur Seite standen, sich gegen den Priester Josua
nicht zu behaupten vermochte; wenn schon zu Beginn der
theokratischen Herrschaft der den Priesterstand, und namentlich
den Hohenpriester umgebende Nimbus so gross war, dass die
im Exile durch die Propheten stets wach gehaltenen Hoffnungen
auf den davidischen Sprössling vor ihm erblassten: wie konnte
zur Zeit des Verfassers der Chronik, d. h. fast zwei Jahrhunderte später, als das Priestertum durch ein langes Gewohnheitsrecht so starke Wurzeln im Volksleben geschlagen hatte,
mit irgend welcher Aussicht auf praktischen Erfolg der Versuch
unternommen werden, für die davidische Dynastie, deren Mitglieder sich im nachexilischen Staate durch nichts hervorge-
than hatten, Stimmung zu machen? Auch aus allgemeinen
politischen Gründen hätte ein solcher Versuch sofort kläglich
scheitern müssen; denn die persischen Satrapen hätten in der
Einsetzung eines Fürsten aus dem ehemaligen Königsge-
schlechte, der selbstverständlich mit grösseren Machtattributen,
als sie der Hohepriester besass, ausgestattet werden musste,
eine Empörung gegen den obersten Landesherrn erblickt und
sie als Abfall und Treubruch streng geahndet. Das geringe
Mass von Selbständigkeit, welches die Juden unter dem Hohen-

priester und dem allmählich erstarkenden Synhedrium besassen, wäre ihnon durch ein so abenteuerliches Unternehmen unzweifelhaft verloren gegangen. An der Institution des Hohenpriestertumes, die von dem Opferkultus nicht zu trennen war, konnten die persischen Machthaber nicht rütteln und räumten ihren Vertretern, die sich in der Regel mit ihnen auf einen guten Fuss zu stellen wussten, die geringen Machtbefugnisse ein, deren sie zur Durchführung der Selbstverwaltung nicht entbehren konnten. Aber ein erbliches nationales Fürstentum der Juden passt nicht in den Rahmen der persischen Politik, weil es leicht Unabhängigkeitsgedanken im Volke hätte nähren können. Wenn aber die Glorifizierung des Hauses David vom Verfasser der Chronik nicht zu praktischen Zwecken, d. h. um eine Änderung in der Staatsverwaltung herbeizuführen, geschehen ist, dann war sie ganz und gar überflüssig. In den Büchern Samuel,[1]) Könige,[2]) im Deutero-Jesaia,[3]) in Ezechiel[4]) war diese Glorifizierung und die Verheissung, dass der mit David geschlossene Bund ewig dauern werde, schöner und schwungvoller zum Ausdrucke gebracht, als es in der Chronik geschieht; denn dass das messianische Ideal, zu dessen Verwirklichung ein Sprössling Davids ausersehen ist, durch die Geschichte der Könige von Juda, wie sie in den Büchern der Chronik vorliegt, vervollkommnet sei, wird man schwerlich behaupten können. Einige Könige sind etwas mehr herausgestrichen, ihre Fehler sind gemildert oder ganz verschwiegen; dafür sind aber anderen wie Assa, Josaphat, Amazja, Usija, Zidkija und selbst dem frommen Josija Fehler angedichtet, von denen die Bücher der Könige nichts wissen, und die Sünden der Könige Achas und Joram werden bis ins Unendliche vermehrt. Es ist demnach mit der Glorifizierung des davidischen Königshauses von seiten des Chronisten nicht gar zu ernst zu nehmen, er huldigt vielmehr der Ansicht, dass eine lange und glückliche Regierungszeit ein sicherer Beweis der Vortrefflichkeit — zum mindesten, wie bei Manasse der Besserung des Lebenswandels und der aufrichtigen Busse — ein früher oder ein gewaltsamer, ein nach langer, schwerer Krankheit erfolgter Tod die Strafe für die Sündhaftigkeit des Königs sei. Darum muss Manasse, der

---

[1]) II. Sam. 7, 14—17.
[2]) I. Kön. 8, 25. 11, 34—36.
[3]) Jes. 55, 3—4.
[4]) Ez. 37, 24—25.

55 Jahre regiert hat und eines natürlichen Todes gestorben
ist, seine Sünden, nachdem er sie durch seine Gefangenschaft
in Babylon gebüsst hatte, bereut und seinen früheren Götzendienst
durch Eifer für Gott wieder gut gemacht haben; darum kommt
dessen Sohn Amon, der nach zweijähriger Regierung ermordet
wurde, noch schlechter weg, als Manasse selbst und muss sich
gefallen lassen, dass von ihm ausgesagt wird: כי הוא אמון [1])
הרבה אשמה Den Aussatz Usijas kann sich der Chronist nur
als Strafe für ein schweres Vergehen erklären und schreibt
ihm daher das Gelüste zu, sich priesterliche Vorrechte anmassen
und Räucherwerk darbringen zu wollen. Weil Josija in dem
Kriege mit Pharao Necho Unglück hatte und sein Leben ein-
büsste, fühlt sich der Chronist bewogen, seine Weigerung, auf
den Rat des Ägyterkönigs zu hören, als ein Verschmähen des
aus dem Munde Gottes kommenden Rates zu bezeichnen.[2])
Wenn bei Abija scheinbar eine Ausnahme gemacht und er
trotz der kurzen Regierungszeit als ein vortrefflicher Fürst
geschildert wird, so liegt der Grund für diese Darstellung darin,
dass im Buche der Könige von einem Kriege zwischen Abijam
und Jerobeam von Israel die Rede ist, den der Chronist, wenn
er überhaupt etwas von ersterem berichten wollte, nicht ver-
schweigen konnte. Vor die Wahl gestellt, den abtrünnigen
König von Israel, der die levitischen Priester entfernt hatte,
und von dem die Schrift bei jeder sich darbietenden Gelegenheit mit Nachdruck betont, dass er Israel zur Sünde verleitet
habe,[3]) oder den im Buche der Könige als in den Sünden
seines Vaters wandelnden Abija als Sieger aus dem Kampfe
hervorgehen zu lassen — wozu die Knappheit des Berichtes
im Königsbuche ihm die Berechtigung einräumt — entscheidet
er sich natürlich für den Sprössling Davids und ist infolgedessen gezwungen, ihn auch als des Sieges würdig darzustellen.
So lässt sich fast durchgehends die Beurteilung, welche die
judäischen Könige in der Chronik gefunden haben, auf das
Bestreben zurückführen, unter Benutzung der aus den Büchern
der Könige und vielleicht noch aus anderen, aber sicherlich
sehr dürftigen Quellen geschöpften Mitteilungen in den Schick-
salen der Herrscher aus dem Geschlechte Davids das Walten

---

[1]) II. Chron. 33, 23.
[2]) II. Chron. 35, 22.
[3]) I. Kön. 14, 16; 15. 26. 30; 16. 26; 22, 53. II. Kön. 3. 3; 10. 29. 31;
13. 2. 6. 11; 14, 24; 15, 9. 18. 24. 28; 23, 15.

der göttlichen Gerechtigkeit deutlich zur Anschauung zu bringen und der wohl auch damals noch wie zur Zeit des Propheten Maleachi[1]) im Volke viel verbreiteten Ansicht entgegen zu treten, als sei das Lebensglück des Menschen unabhängig von seiner Frömmigkeit und als werde dieses dem Bösen oftmals in höherem Masse zu teil als dem Guten.

Dass aber in der Durchführung dieses Bestrebens nur ein Nebenzweck, keineswegs der eigentliche Lehrzweck der Chronik zu erblicken ist, kann nicht zweifelhaft sein; denn derselbe Gedanke kommt in den historischen Büchern der heil. Schrift und in den Reden der Propheten so oft zum beredten Ausdruck, dass es wahrlich überflüssig war, dieserhalb die Geschichte Israels von David bis zur Zerstörung des salomonischen Tempels umzuarbeiten und in neuer Gewandung vorzuführen. Auch sieht man nicht ein, warum der Verfasser sich gerade auf diesen Abschnitt aus der geschichtlichen Vergangenheit des jüdischen Volkes beschränkt und nicht auch das Zehnstämmereich in den Kreis seiner Betrachtungen gezogen hat. Auf alle diese Fragen erhalten wir eine befriedigende Antwort, wenn wir als das Ziel des Chronisten, das er in seinem Werke unausgesetzt im Auge behält, eine Apologie des Levitentumes erkennen und die Herausstreichung der Leviten als die eigentliche Aufgabe ansehen, deren Lösung das Buch gewidmet ist.

Es ist fast unbegreiflich, dass allen Forschern, welche sich bis jetzt mit der Chronik beschäftigt haben, die klar zu Tage liegende Absicht des Verfassers, die hohe Bedeutung der Leviten für das politische, und namentlich für das religiöse und kultuelle Leben des jüdischen Volkes hervorzuheben und historisch zu begründen, entgangen ist. Graetz scheint sie geahnt zu haben, denn er sagt:[2]) „Gegen das Ende der Perserherrschaft hat ein Levit ein Geschichtswerk vom Beginne der Schöpfung bis auf seine Zeit zusammengestellt, Tagesgeschichte genannt." Aber da er die heftigen Kämpfe nicht kennt, welche im nachexilischen Staate zwischen Priestern und Leviten stattgefunden und kurze Zeit vor der Abfassung der Chronik ihren Höhepunkt erreicht haben, da er ferner der Ansicht ist, dass die Sänger und Thorwärter von Anfang an Leviten gewesen und nicht erst später levitisiert worden sind, so lag nach seiner Auffassung für den Chronisten durchaus keine zwingende Ver-

[1]) Mal. 3, 14. 15.
[2]) II b. 212.

anlassung vor, die levitische Abstammung derselben, die von niemand angezweifelt wurde, genealogisch nachzuweisen und die Wichtigkeit und Unentbehrlichkeit ihrer Dienstleistungen und der sonstigen levitischen Funktionen in das rechte Licht zu setzen. Wer aber aus den vorexilischen geschichtlichen Büchern der heil. Schrift, sowie aus Deuteronomium und Ezechiel die Überzeugung gewonnen hat, dass es während des Bestandes des ersten Tempels Leviten im engeren Sinne nicht gegeben; wer durch die strenge Scheidung, die in den Büchern Esra und Nechemia zwischen Leviten einerseits und Sängern und Thorwärtern andererseits gemacht wird, zu der Annahme gelangt ist, dass erst in der Zeit der ecclesia magna die innige Verschmelzung dieser drei Tempelbeamtenklassen zu einer Körperschaft stattgefunden hat; wer endlich die Thatsache würdigt, dass manche wichtige Funktionen, die Ezechiel den Leviten zuerkennt und die von ihnen nachweislich in dem ersten Jahrhundert nach dem Exile ausgeübt wurden, ihnen später entzogen worden sind: der wird nicht umhin können, einzugestehen, dass den Leviten ausserordentlich viel daran gelegen sein musste, ihr Ansehen durch eine levitisch gefärbte Schilderung der Vergangenheit und durch nachdrückliche Betonung ihrer Verdienste um die staatliche und religiöse Entwickelung des Judentumes zu erhöhen. Gerade damals, als sie durch die Priester an jeglicher Beteiligung am Opferkultus ausgeschlossen und des ihnen gebührenden Zehnten beraubt waren, hatten sie ein vitales Interesse daran, darzuthun, dass sie in der Blütezeit des israelitischen Volkstumes zur Zeit der Könige David und Salomo und ihrer in ihren Wegen wandelnden Nachfolger eine höchst einflussreiche Stellung eingenommen und sich von seiten der gottesfürchtigen Herrscher des wirksamsten Schutzes hinsichtlich ihrer Privilegien und Einkünfte zu erfreuen gehabt hatten.

Bisher gab es ja noch kein Buch, das von bedeutsamen Leistungen der Leviten berichtete; denn in Numeri, das sich sehr viel mit den Leviten beschäftigt und von ihrer feierlichen Absonderung von den übrigen Israeliten und ihrer Einweihung erzählt, wird ihnen einzig und allein die Funktion zuerteilt, die Bestandteile des Stiftszeltes von einem Orte zum anderen zu besorgen, die Wohnung des Zeugnisses abzubrechen und wieder aufzustellen und die zuvor von den Priestern eingehüllte Bundeslade zu tragen. Was sie aber zu thun hatten, wenn

Israel sich nicht auf dem Marsche befand, worin ihr Dienst bestehen sollte, wenn das Heiligtum an irgend einem Orte eine bleibende Stätte gefunden haben würde, darüber schweigt das 4. Buch Mosis, das einzige biblische Buch, welches ausführlich von den Leviten handelt, vollständig. Es heisst daselbst wohl: „Die Leviten sollen die Wacht der Wohnung des Zeugnisses beobachten,"[1]) oder „sie sollen Ahron bedienen, dass sie wahren seine Wacht und die Wacht der ganzen Gemeinde vor dem Stiftszelte, indem sie den Dienst der Wohnung versehen."[2]) Darunter lässt sich aber durchaus nichts bestimmtes denken; denn bei dem Opfer finden sie keine Verwendung, im Heiligtume selbst haben sie nichts zu thun, sie sind eben nur נתונים לאהרן ולבניו, gewissermassen Hörige der Priester, und wenn die Lade einen Ruhesitz gefunden (טמנוח הארון), so ist ihre Thätigkeit eine so minimale, dass es kaum lohnt, um ihretwillen so viel Aufhebens von der Auszeichnung der Leviten zu machen. Von levitischen Sängern, denen das Amt zugefallen, die Opferhandlungen weihevoll zu gestalten und die Feierlichkeit des Kultus zu erhöhen, ist in Numeri vollends nicht die Rede. Zur Zeit des Chronisten ist aber der Tempelgesang das wichtigste Amt der Leviten, dieser Beschäftigung hatten sie es vornehmlich zu danken, dass sie neben den Priestern überhaupt noch etwas galten und nicht als ganz wertlos völlig bei Seite geschoben wurden. Mussten sie es nun nicht schmerzlich vermissen, dass dieser Dienstleistung im älteren Schrifttume nirgends rühmend Erwähnung geschah? Musste es nicht befremdlich erscheinen, dass in den späteren Schriften zwischen Leviten und Sängern streng geschieden wurde? So füllte denn der Chronist die klaffende Lücke aus, indem er die Geschichte Israels von dem Zeitpunkte an, da die Lade eine Ruhestätte gefunden (טמנוח הארון) bis zum Untergange des Reiches Juda, d. h. bis zum Ende des Tempeldienstes in Jerusalem schrieb.

Alles in diesem Buche läuft auf eine Glorifizierung der Leviten hinaus; was sonst noch an Erzählungen, Schilderungen und genealogischen Tabellen sich darin vorfindet, ist, soweit es nicht auf die Leviten Bezug hat, nur Beiwerk und Staffage, nur künstliche Ausschmückung oder, wenn man will, absicht-

---

1) Num. 1, 53.
2) Num. 3, 6. 7.

liche Abschweifung, um die Tendenz des Buches ein wenig zu
verdecken, zum Teil auch captatio benevolentiae, ein Zugeständnis an das so überaus mächtige Priestertum, das nicht
gereizt oder blossgestellt werden durfte. Denn mit grosser
Vorsicht musste der levitische Verfasser der Chronik zu Werke
gehen; jeder Angriff auf die im Gesetze begründete Position
der Ahroniden hätte diese von vornherein gegen seine Schrift
eingenommen und die beabsichtigte Wirkung, die Anbahnung
eines friedlichen, auf gegenseitiger Anerkennung beruhenden
Verhältnisses zwischen Priestern und Leviten, vereitelt. Das
war dem Chronisten sehr wohl bekannt, und darum schont er
auf das ängstlichste die Empfindlichkeit der Ahroniden und
hütet sich, ihnen den Vorrang vor den Leviten streitig zu
machen. Er weiss es vielmehr geschickt so einzurichten, dass
von einem Widerstreite zwischen den beiden Klassen von
Tempelfunktionären auch nicht eine Spur zu entdecken ist,
dass das innigste und herzlichste Einvernehmen zwischen ihnen
stets gewahrt bleibt und beide einander zweckentsprechend
ergänzen. Dadurch dass den Priestern das Opferwesen von der
Blutsprengung an als ausschliessliches Privilegium unumwun-
den zugestanden und das Räucherwerk, welches, wie wir gesehen, Gegenstand eines erbitterten Kampfes gewesen war,
ganz und gar einschliesslich der Zubereitung übertragen
wird, ist ihnen jeder Grund zur Eifersucht genommen und
darf erwartet werden, dass sie nun auch den Leviten ihre Do-
mäne, den Tempelgesang, die Beaufsichtigung des Heiligtumes,
die Überwachung und Verteilung der Abgaben, das Lehr- und
Richteramt u. s. w. willig überlassen. So zeigt der Chronist
seinen Zeitgenossen, und namentlich den Ahroniden, im Spiegel
der Vergangenheit ein herrliches Zukunftsbild, auf welchem
die Leviten und Priester den Vordergrund einnehmen, doch so,
dass die ersteren in etwas hellerer Beleuchtung und mit freund-
licheren Farben dargestellt erscheinen, aber auch hinwiederum
die anderen nicht verdunkeln. Dass die frommen Könige Judas
sämtlich als Beschützer des Heiligtumes und als Gönner der
Leviten gepriesen werden, kann ebensowenig Wunder nehmen,
als dass den bösen vornehmlich die Vernachlässigung des
Tempels, die Unterlassung der Fürsorge für Priester und Leviten und die Verkürzung der Rechte derselben als eine schwere
Sünde angerechnet wird, die darum auch die Ursache ihres
Unglücks ist.

Sehen wir uns nunmehr das Buch der Chronik in seinen
wichtigsten Einzelheiten näher an, und wir werden unsere
Behauptung, dass sein eigentlicher Lehrzweck eine Apologie
und Verherrlichung des Levitentumes sei, voll und ganz be-
stätigt finden.

IX.

Schon in den genealogischen Tabellen, die mit Juda beginnen und mit Benjamin schliessen, die also die beiden Haupt-
bestandteile des nachexilischen Staates an den Anfang und das
Ende setzen, sind die Nachkommen Levis besonders berück-
sichtigt. Zunächst führt der Chronist sämtliche Hohenpriester
bis zum Untergange des ersten Tempels an. Diese auszeichnende
Erwähnung kann er mit Rücksicht auf die mächtigen Ahroniden unmöglich weglassen; er macht auch dem herrschenden
Priestergeschlechte die Konzession, alle Hohenpriester als dem
Hause Eleasars entsprossen zu bezeichnen und ignoriert geflissentlich das Haus Elis, welchem Ebjathar entstammte, um
der Eitelkeit und dem Ehrgeize der Zadokiten nicht zu nahe
zu treten. Durch die Aufzählung der Hohenpriester[1] hat er
sich aber mit den Priestern überhaupt abgefunden und fühlt
sich nicht veranlasst, auch für die übrigen Kohanim ein genealogisches Verzeichnis festzustellen, ja er unterlässt es an dieser
Stelle die Nachkommen der Hohenpriester bis auf seine Zeit
anzugeben, während er doch die Sprösslinge des davidischen
und sogar des saulschen Königsgeschlechtes auch für die Zeit
des Exiles und über dasselbe hinaus bis auf seine Tage fort-
führt.[2] Man erkennt schon hieraus, dass er hinsichtlich der
Priester ein eigentümliches Verfahren beobachtet, welches ihm
einesteils die Furcht und anderenteils der Neid eingiebt; er
will sie nicht verletzen, aber auch nicht übermässig heraus-
streichen. Bei den nichtahronidischen Leviten ist er jedoch
viel ausführlicher und legt namentlich grosses Gewicht auf die
Thatsache, dass die drei Häupter der Sängerabteilungen, Heman
Assaf und Ethan (alias Jeduthun), levitischen Ursprunges sind,
weshalb er bei jedem einzelnen von ihnen den Stammbaum
bis auf Levi, den Sohn Israels, zurückführt.[3] Auch betont

[1] I. Chron. 5, 27 bis Ende.
[2] Daselbst 3, 17 bis Ende, 8, 33 bis Ende.
[3] Daselbst 6, 23. 28. 32.

er mit Nachdruck·, dass die Sänger den drei Tribus der Leviten, wie sie in Numeri angegeben sind, angehören. Die
übrigen Leviten, die nicht der Sängerklasse zugeteilt sind, erwähnt er hier nur allgemein, indem er ihre Dienstleistungen in die
Worte zusammenfasst:[1] „Sie waren bestimmt zu jedem Dienste
in der Wohnung des Gotteshauses." Da er der Funktionen der
Ahroniden noch gar nicht gedacht hat, so fügt er, vorsichtig,
wie er ist, hinzu, dass sie das Vorrecht haben, auf dem Brand-
opfer- und Räucheraltare zu räuchern und den Dienst beim
Hochheiligen zu versehen. Auch wiederholt er nochmals die
Namen der Hohenpriester bis auf Achimaaz, den Sohn
Zádoks, der zuerst das Oberpriesteramt am salomonischen
Tempel versehen hat. Hieran reiht er ein Verzeichnis der
Priester- und Levitenstädte, das mit dem im Buche Josua an-
gegebenen fast identisch ist.

Im 9. Kapitel giebt der Verfasser sodann unter Benutzung
desselben Verzeichnisses, welches dem Redaktor von Kap. 11
im Buche Nechemia vorgelegen,[2] eine genaue Übersicht über
die Bewohner Jerusalems, die er, weil dieses Verzeichnis allgemein bekannt war und zum Nachweise für die reine, unver-
mischte Abstammung der jerusalemischen Bevölkerung viel
benützt wurde, nicht gut weglassen konnte, ohne den Vorwurf
der Unvollständigkeit auf sich zu laden, obwohl er, wie schon
früher angedeutet, mannigfache Bedenken gegen die Aufnahme
hatte. Am unbequemsten war ihm die Scheidung zwischen
den „Levitenhäuptern" (ראשי הלוים) und den levitischen Sängern,
die zu seiner Zeit nicht mehr bestand, da ja der Tempelgesang
von allen levitischen Funktionen die vornehmste war und die
ihn Ausübenden den ersten Rang unter den Leviten einnahmen.
Auch musste ihn der Umstand stören, dass die Thorwärter in
diesem Verzeichnisse gar nicht zu den Leviten gerechnet
waren. Er hilft sich nun, so gut es eben geht. Die liturgischen
Leviten zählt er in einer fortlaufenden Reihe zusammen mit
den Sängern auf, ohne sich der Bezeichnung ראשי הלוים zu
bedienen, und um den Unterschied zwischen diesen beiden bevorzugten Klassen, die er in eine Klasse zusammenzieht, und
den minder angesehenen Thorwärtern nicht zu grell hervortreten
zu lassen, vermeidet er es mit Absicht, nach der Aufzählung

---

[1] I. Chron. 6, 33.
[2] Siehe Bertheau, die Bücher der Chronik, Einleitung, und Erklärung
zu Kap. 9; Graetz II b, Note 15.

der ersteren die Summe zu ziehen, und fügt unmittelbar die
Namen der Thorwärterfamilien mit an, als ob auch diese von
vornherein mit als zu den Leyiten gehörig in der Tabelle bezeichnet seien, was aber, wie Bertheau zur Stelle richtig bemerkt, nicht der Fall ist. Die Erwähnung des „Berekhja ben
Assa ben Elkana, welcher wohnt in den Dörfern der Netofatiter," [1]
die sich in Nechemia nicht findet, ist aus dem Bestreben des
Chronisten zu erklären, neben dem Mathanja, dem Nachkommen
des Assaf-Gerschon, neben Obadja, dem Nachkommen des
Jeduthun-Merari, auch einen Vertreter der dritten (richtiger
der ersten) Abteilung der Sänger, Elkana-Kehath zu nennen. [2]
    Nach Nennung der Thorwärterfamilien bemüht sich der
Chronist, alsbald die trotz aller angewandten Vorsicht aus dem
von ihm benützten Verzeichnisse durchschimmernde Auffassung,
als ob die Thorwärter nicht eigentliche Leviten seien, zu
korrigieren. Er spricht ein Langes und Breites von den wichtigen Funktionen derselben, wie es gerade vornehme Leviten,
nämlich Korachiden seien, die schon die Schwellen des Zeltes
— d. i. des von David eingerichteten und zum Mittelpunkte
des Kultus bestimmten Heiligtumes — gehütet, und deren
Vorfahren über das Lager Ihwhs Wächter des Einganges gewesen waren. Kein Geringerer als Pinchas, der Sohn Eleasars,
war Fürst über sie gewesen. [3] Im Pentateuch steht freilich
von dieser Würde des Pinchas ebenso wenig wie von dem
Wächteramte der Korachiden. Aber das verschlägt dem
Chronisten und auch — den meisten Erklärern nichts; denn
wenn es nicht im Pentateuch steht, so kann es doch aus irgend
einer alten, uns nicht mehr erhaltenen, dem Verfasser aber
sehr wohl bekannten Tradition geschöpft sein. Eine solche
Erklärung macht freilich jede sachliche Kritik überflüssig und
ist am wenigsten da angebracht, wo die Tendenz so klar hervortritt, wie an dieser Stelle. Denn man sieht deutlich, wie
der Chronist gewissermassen sich selbst überbietet, um nur
das Thorwärteramt der Leviten bis ins graue Altertum hinauf-
zurücken, wie er sich nicht einmal damit begnügt, den König
David, der doch die Sängerabteilung kreiert, als Begründer
der Thorwärterinstitution zu bezeichnen, sondern bis auf Moses
zurückgreift und den beim Volke so hochverehrten und von

---

[1] V. 16.
[2] Bertheau daselbst; siehe auch die folgende Erklärung.
[3] V. 19 und 20.

der heil. Schrift so sehr gerühmten Pinchas zu·ihrem Fürsten und Oberhaupte macht. Mit dieser ganzen Auseinandersetzung muss ein eminent praktischer Zweck verbunden gewesen sein, und dieser ist kein anderer als der, das Thorwärteramt, welches· in jener Zeit als kein sonderlich ehrenvolles galt und namentlich von den Priestern als ein niederer Dienst angesehen wurde, als ein hoch bedeutsames· zu bezeichnen, das von Anfang an,·so lange es ein Nationalheiligtum in Israel gegeben, sich in den Händen der vornehmsten Leviten, der Korachiden, befunden, und um dessen vorschriftsmässige Ausübung sich die hervorragendsten Männer, wie Pinchas, Samuel und David, unausgesetzt gekümmert haben. Es ist eben dem Chronisten viel daran gelegen, gegenüber dem für die Thorwärter ungünstigen Inhalte der über die genealogischen Verhältnisse der Einwohnerschaft Jerusalems berichtenden Urkunde, die wahrscheinlich im Tempel aufbewahrt wurde, mit Nachdruck die edle Abstammung dieser Beamtenklasse zu betonen; darum trägt er die Farben recht dick auf und weist dem Ahnherrn des Hohenpriestergeschlechtes das Ehrenamt zu, der Fürst und Bannerherr der Thorwärter gewesen zu sein. Dass aber trotz der Oberaufsicht des Priesterfürsten das Thorwärteramt ein selbständiges, unter eigener Verantwortung der Leviten verwaltetes gewesen, bleibt nicht unerwähnt,[1]) und zum Schlusse wird nochmals hervorgehoben: הם הלוים die Thorwärter sind wirklich und wahrhaftig Leviten, sind auch als Thorwärter gleichzeitig die Verwalter der Zellen und der Schätze des Gotteshauses, manche von ihnen sind über die Dienstgeräte gesetzt, über das Mehl, den Wein, das Öl, den Weihrauch und die Gewürze — aber die Verfertiger der Salbenmischung aus den Gewürzen sind von den Söhnen Ahrons.[2]) Der letztere Zusatz ist notwendig, weil seit dem über das Räucherwerk entbrannten Streite die Ahroniden eifersüchtig darüber wachten, dass nur sie sich mit der Zubereitung der Spezereien zu befassen hatten; und da der Chronist lebhaft wünscht, die Funktionen der Leviten zu amplifizieren, und ihnen wichtige Befugnisse übertragen sehen möchte, die ihnen zu seiner Zeit entzogen waren, muss er aus politischer Klugheit das ehemalige Kampfgebiet ausdrücklich der levitischen Begehrlichkeit entrücken; denn hier lässt sich doch nichts erzielen, es ist schon genug erreicht, wenn die Priester die

[1]) V. 26.
[2]) V. 26 b—30.

Aufsicht über den Vorrat an Weihrauch und Spezereien den
Leviten überlassen. Auf das Recht der mit peinlichster Sorgfalt zu bewirkenden Zubereitung und Mischung hätten sie nun
und nimmermehr verzichtet. 'Darum macht der Chronist gute
Miene zum bösen Spiel und bezeichnet diese Funktion als eine
ausschliesslich priesterliche, die schon von alters her unbestritten
den Söhnen Ahrons zustand. Dagegen nimmt er die Zubereitung des Pfannenbackwerkes und der Schaubrote wiederum
für die Leviten in Anspruch und nennt Namen und Geschlecht
der Funktionäre, die ehemals diesem Berufe oblagen.[1])
    ·Da er nun so viel von den Thorwärtern gesprochen und
das ganze Kapitel abschliessen will, nimmt er in der Unterschrift[2]) noch einmal auf die in V. 14—16 aufgezählten Sängerfamilien Bezug durch die Worte: „und dieses sind die Sänger,
die Familienhäupter der Leviten," bei welcher Gelegenheit er
zur Erklärung der vielleicht auffällig erscheinenden Thatsache,
dass kein Mitglied der Sängerabteilung bei den anderweitigen
ehrenvollen Dienstleistungen Verwendung fand, hinzufügt:
„Sie mussten dienstfrei in ihren Zellen bleiben, da sie Tag
und Nacht dem Werke (der Gesangeskunst) oblagen," und
giebt durch die Unterschrift: „dies sind die Familienhäupter
der Leviten"[3]) den Abschluss für alle Leviten, d. h. für die
Sänger und Thorwärter zugleich. Dabei thut er so, als gehörten die (V. 14) genannten Leviten, die wir aus Nech. 11, 15
und 16 als liturgische Leviten kennen, auch mit zu den Sängern,
wenigstens unterscheidet er sie nicht von ihnen. Es gab nämlich,
wie wir uns immer wieder ins Gedächtnis zurückrufen müssen,
zu seiner Zeit nur noch die beiden levitischen Abteilungen,
welche sich bis zum Untergange des zweiten Tempels als gesonderte Klassen erhalten haben, Sänger und Thorwärter; und
da er die liturgischen Dienste den letzteren überträgt, so weiss
er mit den Leviten von V. 14, d. h. mit den eigentlichen
משרתים nichts anzufangen und schweigt daher beredt über sie.
    Bertheau, der durch seine Erklärungen in die dunklen
Partien des von den Leviten handelnden Teiles unseres Kapitels
erst einiges Licht gebracht und u. a. erkannt hat, dass der
Name Leviten in V. 14 sich nicht auf die Thorwärter mit bezieht, von denen erst V. 17 die Rede ist, und dass die Er-

---

[1]) V. 31 und 32.
[2]) V. 33.
[3]) V. 34..

wähnung des Berekhja ben Assa ben Elkana,[1]) der in der Parallelstelle in Nechemia nicht vorkommt, ein tendenziös ange-
brachter Zusatz des Chronisten ist, hat doch einiges Wichtige
übersehen und nicht verstanden. Vers 14 handelt nicht von
den Sängern, wie Bertheau meint — diese kommen erst V. 15
und 16 an die Reihe — sondern von den ehemaligen liturgischen Leviten, die in Nechemia[2]) noch den Ehrentitel ראשי
הלוים führen. Der Chronist unterlässt es nur aus dem oben
angeführten Gründe, da ihm die in erster Reihe genannten,
aber nicht als Sänger bezeichneten Leviten der genealogischen
Tabelle Schwierigkeiten bereiteten, die Unterscheidung hervorzuheben, und ist sehr damit zufrieden, wenn man, wie Bertheau
es thut, diesen Unterschied übersieht und die Leviten von
V. 14 mit den in den folgenden Versen genannten Sängern in
eine Kategorie setzt.

Sodann irrt Bertheau vollständig, wenn er die Worte[3])
„dies sind die Leviten" nicht auf die Thorwärter allein, sondern
auf alle Leviten bezieht. Er sieht das Bedenkliche dieser Erklärung auch sehr wohl ein, da die Stellung der Worte הם
הלוים nur auf die Thorwärter, von denen in den letzten Versen
ausschliesslich die Rede war, hinweist; er meint aber, dass
die Aufzählung der Geschäfte in den folgenden Versen uns
zwinge, sie als Unterschrift zu dem ganzen Absatze von V. 14
an aufzufassen in der Weise, dass sie der Überschrift in dem
eben genannten Verse entsprechen; denn nicht nur Geschäfte
der Thorwärter, sondern der Leviten überhaupt werden aufgezählt. Doch dem ist nicht so, sondern die Thorwärter, und
nur diese, werden zugleich als über die Geräte, die Vorratskammern u. s. w. gesetzt hier angeführt. Den sichersten Beweis
hierfür liefert V. 31: „Und Matithja von den Leviten, er, der
Erstgeborene Schallums, des Korachiden, hatte das Amt der
Pfannen zu besorgen." Nun ist an der Spitze der Thorwärter
in V. 17 Schallum genannt, und V. 19 wird noch ausdrücklich
gesagt, dass dieser Schallum und seine Brüder, die Korachiden,
über das Werk des Dienstes gesetzt, Wächter der Schwellen
des Zeltes waren, wie ihre Väter schon den Zugang zum Lager
Ihwhs bewachten. Jeder Zweifel an der Identität des in den
Versen 17, 19 und 31 genannten Schallum ist aber ausgeschlossen

---

[1]) V. 16.
[2]) Nech. 11, 16.
[3]) V. 26b.

und von Bertheau selbst beseitigt durch den Hinweis auf
1. Chron. 26, 1, woselbst statt Schallum der Name Meschelem-
jahu ben Kore von den Söhnen Asafs-Ebjasafs steht.[1]) Es ist also
klar, dass der Chronist in Kap. 9, in welchem er die Zustände
seiner Zeit, oder noch richtiger der jüngsten Vergangenheit
schildert und nur inbetreff der Leviten ihre Wiedereinsetzung
in ihre ehemaligen hochwichtigen Tempelämter als frommen
Wunsch zum Ausdruck bringt, lediglich zwei Klassen von
Leviten kennt, die Sänger, die ausser dem Tempelgesange,
welcher sie vollständig in Anspruch nimmt, keinen weiteren
Dienst zu verrichten haben, und die Thorwärter, denen in
erster Reihe die Bewachung des Heiligtumes obliegt, die
aber ausserdem alle Ämter innehaben oder innehaben sollen,
welche früher den liturgischen Leviten übertragen wurden,
diesen jedoch infolge ihres Streites mit den Priestern waren genommen worden und nunmehr von den Priestern selbst verwaltet wurden. Der Irrtum bei Bertheau und anderen Erklärern
ist durch die Kapitel 23—26 des ersten Buches der Chronik
entstanden, über welche wir weiter unten sprechen werden.

Mit V. 35 in Kap. 9 beginnt, wie Bertheau sachgemäss
erklärt, der zweite Teil der Bücher der Chronik, die Geschichte
des davidischen Königshauses, zu welcher die kurzen Nachrichten über Sauls Geschlecht und den Untergang seines
Hauses die Einleitung bilden. Hierbei bleibt es für den Verfasser
stets die Hauptsache, von den heiligen Einrichtungen Davids,
von seiner Sorge für die Heiligtümer Israels zu reden und das
Verhalten seiner Nachfolger mit diesem Massstabe zu messen.

In dem Berichte über die Versammlung Israels in Chebron,
„um das Königtum Sauls David zuzuwenden nach dem Aus-
spruche Ihwhs,"[2]) dessen Glaubwürdigkeit daraus erhellt, dass
unter 365 000 Gerüsteten, die sich um David scharen, etwa 25 000
den Stämmen Juda, Simeon, Benjamin und Levi zusammen ange-
gehören, während Sebulon allein 50 000, das Ostjordanland 120 000,
Naphtali 37 000, Dan 28 600 stellt u. s. w., ist für uns nur
die Angabe der Zahl der Leviten und Ahroniden von Interesse;
die der ersteren beträgt 4600, der letzteren 3700. Es werden
im Buche der Chronik stets mehr Leviten als Priester angeführt. Was die übrigen, mindestens 33 000 zählenden Leviten

---

[1]) Bertheau, Erklärung zu 9, 19.
[2]) 1. Chron. 12, 23 bis Ende.

— denn nach I. Chronik 23, 3 gab es unmittelbar vor dem Tode Davids 38000 Leviten über 30 Jahre alt — verhindert hat, sich David anzuschliessen, wissen wir nicht, aber sicherlich weiss es der Chronist auch nicht, dem es nur Vergnügen zu machen scheint, mit unkontrollierbaren Tausenden um sich zu werfen. Wie man angesichts solcher Ungeheuerlichkeiten, die den historischen Thatsachen und der Darstellung im zweiten Buche Samuel direkt ins Gesicht schlagen, noch von Quellen und Traditionen reden kann, aus denen der Verfasser geschöpft hat, vermag ich schlechterdings nicht einzusehen. Bertheau freilich nimmt es für bare Münze, wenn es von den 18000 Mann der westjordanischen Hälfte Manasses, die nach Chebron gekommen sind, heisst,[1] „sie seien namentlich benannt gewesen," und sagt allen Ernstes: „Man muss hierbei wohl an Listen denken, in welchen die Namen verzeichnet standen." Wer nur solche Listen angefertigt haben mag unmittelbar nach dem Tode Isboseths in einer Zeit der Anarchie und der Bürgerkriege? Listen, von denen der Verfasser der Bücher Samuel noch keine Ahnung hatte, weshalb er sich auch damit begnügt, zu bemerken:[2] „Es kamen alle Ältesten Israels zum Könige nach Chebron, und der König David schloss mit ihnen einen Bund zu Chebron vor Ihwh, und sie salbten darauf David zum Könige über Israel." Nein, nicht in den Listen standen alle die Tausende verzeichnet, sondern nur in der Phantasie des Chronisten, dem übrigens selbst garnichts darauf ankommt, der immer nur seine Leviten im Auge hat und alles Andere lediglich als Beiwerk und Ausschmückung betrachtet, aber dieses Beiwerkes nicht entraten kann, damit man seine levitische Tendenz nicht sofort erkennt und sein Buch den Eindruck der unbefangensten Harmlosigkeit nicht verliert.

Kaum ist David zum Könige gesalbt, da denkt er daran, die Lade von Kirjath-Jearim zu holen; wohin? wird nicht gesagt, das versteht sich von selbst, nach Jerusalem. Es genügt, dass bemerkt ist:[3] „Wir wollen die Lade unseres Gottes zu uns herholen;" denn dass David in der Veste von Jerusalem, der Davidsstadt, seine Residenz aufgeschlagen, war bereits[4]

[1] I. Chron. 12, 31.
[2] II. Sam. 5, 3.
[3] I. Chron. 13, 3.
[4] Daselbst 11, 7.

mitgeteilt worden. Aber der Zusatz:[1] „Denn wir haben ihn nicht gesucht in den Tagen Sauls," der sich in der ursprünglichen Quelle nicht vorfindet, will es als ein Unrecht bezeichnen, dass unter Sauls Herrschaft, während welcher Zeit sich doch die Lade in Kirjath-Jearim befand, kein Dienst am Sitze der Lade veranstaltet war. David muss diesen unfrommen Zustand so schnell als möglich beseitigen; er kann damit nicht einmal so lange warten, bis er den Erbfeind Israels, die Philister, bezwungen und die Gefahr eines Einfalles dieses kriegerischen Volksstammes in sein Land abgewandt hat. Auch passt es dem Chronisten nicht, dass der fromme David früher an seine Familienverhältnisse als an die Unterbringung der Lade in Jerusalem denkt; darum ändert er den in II. Sam. 5 und 6 enthaltenen Bericht dahin, dass er den ersten Versuch zur Überführung des Nationalheiligtumes den Philisterkriegen und der Verheiratung Davids mit noch anderen Frauen vorangehen lässt. Hierdurch ist er freilich gezwungen, David in der kurzen Zeit von 3 Monaten, welche zwischen dem ersten, misslungenen Versuche und der wirklichen Überführung der Lade liegen, einen siegreichen Doppelfeldzug gegen die Philister und noch viele andere Unternehmungen ausführen zu lassen, da er sich doch nicht gut mit der im Buche Samuel gegebenen Darstellung in Widerspruch setzen kann, nach welcher die ersten Philisterkriege bald nach der Salbung Davids zum Könige über ganz Israel stattgefunden haben. Von der Geschmacklosigkeit, solch wichtige politische Ereignisse gleichsam als eine Episode zu bezeichnen, hat der Verfasser entweder keine richtige Vorstellung gehabt, oder er hielt es für weniger bedenklich, sich derselben schuldig zu machen, als auf den mustergültigen Beschützer der Leviten, als welchen er König David betrachtet wissen will, das Unrecht einer Vernachlässigung des Heiligtumes und einer Verzögerung des levitischen Dienstes zu wälzen. Der Unfall, der sich beim Transporte der Lade ereignet,[2] wird als Strafe für das Fahren der Lade auf einem Wagen bezeichnet; denn sie hätte von den Leviten getragen werden sollen. „Niemand, sprach David, trage die Lade Gottes als nur die Leviten, denn sie hat Ihwh erwählt, die Lade Gottes zu tragen und ihm zu dienen bis in

---

[1] I. Chron. 13, 3b.
[2] Daselbst 15, 12. 13.

Ewigkeit."¹) Obed Edom aus Gath in,²) oder neben³) dessen
Hause die Lade 3 Monate geweilt hatte, ist selbstverständlich ein
Levit, er gehört dem Geschlechte der Merariten an. Aber der
Chronist wird garnicht müde, auf seine Levitizität immer von
neuem aufmerksam zu machen, er kann ihn garnicht levitisch
genug darstellen. Wiederholt betont er, dass Obed Edom nicht
nur während der drei Monate Hüter der Lade gewesen, sondern
dass er auch später Thorwärter blieb, und dass seine Söhne
und Enkel, welche die stattliche Zahl von 62 ausmachten,⁴)
Vorsteher der Thorwärterabteilungen geworden seien. Ja, er
thut, um jeden Verdacht, dass Obed Edom kein Levit gewesen
— der nach II. Sam. 6 vollauf begründet ist — zu entkräften,
des Guten schier zu viel. Er reiht ihn nämlich ausserdem
noch der Sängerabteilung ein,⁵) was eigentlich gegen die Ordnung verstösst und in späterer Zeit direkt als gesetzwidrig
galt.⁶) Aber der Chronist setzt sich über dies Bedenken hinweg, da ihm gar zu viel darauf ankommt, den Mann, der von
Gott wegen der Lade gesegnet wurde und der in so nahe Berührung mit dem Heiligtume getreten war, zu einem wahren
und richtigen Leviten zu machen.

Überhaupt spielen die Leviten bei der Einholung der
Lade eine ganz hervorragende Rolle. Hier befand sich der
Verfasser in der glücklichen Lage, sich auf den Pentateuch
selbst berufen zu können, der das Tragen der Bundeslade den
Leviten ausdrücklich zuerkennt. Zwar sind daselbst noch gewisse sorgfältig zu beobachtende Vorsichtsmassregeln angegeben,
wie die, dass die Priester zuvor die Lade bedecken sollen;⁷)
aber darüber geht der Chronist mit Stillschweigen hinweg, da
er es nicht für nötig hält, bei dieser Gelegenheit den Vorrang
der Priester zu betonen. Er lässt dieselben zwar nicht ganz
bei Seite, nennt sie sogar (15, 4) in erster Reihe noch vor den
Leviten, aber namentlich führt er von ihnen nur Zadok und
Ebjathar an, während er von den Leviten sechs Fürsten er-

---

¹) I. Chron. 15, 2.
²) II. Sam. 6, 10. 11.
³) I. Chron. 13, 14.
⁴) Darin sollte sich der Segen Gottes zeigen, der dem Obed Edom nach
II. Sam. 6, 11 u. 12 und I. Chron. 13, 14 zu teil geworden war; siehe auch
Raschi zu I. Chron 26, 5.
⁵) I. Chron. 15, 21.
⁶) Bab. Talmud, Trakt. Erachin 11 b, Jos. Altert. XX, 9, 6.
⁷) Num. 4, 5—6.

wähnt, denen er ein Gefolge von mehr als 850 Mann zuerteilt. Sie
sind die Hauptpersonen, von denen das Gelingen des feierlichen
Aktes abhängt, und weil Gott ihnen hilft, darum bringen sie
auch Opfer zum Danke dar.[1]) Der ganze Dienst der Priester
bei dieser Feierlichkeit besteht in dem Trompetenblasen, alles
andere geschieht durch die Leviten, die ebenso wie der König
in Byssusmäntel gehüllt sind.[2]) Kaum ist die Lade an ihren
Ort gebracht, so trägt David Sorge, dass der levitische Gesang
als ständige Einrichtung ins Leben gerufen wird; von dem
Dienste der Priester ist erst später die Rede. Das Wichtigste
ist, dass die Leviten zu ihrem Rechte gelangen und dass ihre
Unentbehrlichkeit klar hervortritt. In nicht ungeschickter
Weise versteht es der Chronist, die beiden Hauptabteilungen
der Sänger, zwischen denen eine ziemlich heftige Eifersucht
bestanden zu haben scheint, die Abteilung Hemans und Asafs
auszuzeichnen, ohne der einen den Vorrang vor der anderen
einzuräumen. In Esra und Nechemia wird fast immer die
Asafabteilung als die tonangebende in des Wortes eigentlichstem
Sinne bei allen festlichen Gesängen genannt, in dem Haupt-
verzeichnisse der aus dem Exile Zurückgekehrten werden überhaupt nur Asafiten aufgezählt;[3]) Jeduthun kommt erst in einem
von einer späteren Zeit handelnden Kapitel vor;[4]) die Sängerabteilung Heman jedoch wird weder in Esra noch in Nechemia
erwähnt.[5]) In der Zeit des Chronisten aber war die Abteilung

---

[1]) I. Chron. 15, 26.

[2]) Der Byssusmantel, den der Chronist David tragen lässt, ist ein Ersatz
für den II. Sam. 6, 14 genannten linnenen Ephod, an welchem der Verfasser,
da er eigentlich nur einem Priester gebührt, berechtigten Anstoss nimmt.
(Siehe auch das Targum und die Erklärung David Kimchis zu II. Sam. 6, 14.)
Da nun der König bei der Einholung der Lade ein feierliches Gewand trägt,
so müssen die Leviten, die eigentlichen Träger der Feier, sich derselben
Auszeichnung erfreuen.

[3]) Esra 2, 41. Nech. 7, 44.

[4]) Nech. 11, 17.

[5]) Wenn Graetz (II b, Note 11) die Sängerfamilie Hemans in dem
Nech. 11, 17 und 12, 25 angeführten Bakbukja wiederfindet, der in I. Chron.
25, 4 und 13 unter dem Namen Bukkija als ein Hemanite erscheint, so ist
damit zunächst nicht das Auffällige der Thatsache erklärt, dass der in der Sängerabteilung später so berühmt gewordene Name Heman in den Büchern Esra
und Nechemia nicht direkt angeführt wird, und sodann ist zu beachten,
dass Nech. 11 und 12, 1—26 nicht mehr die Zustände zur Zeit Esras und
Nechemias, sondern die einer späteren Periode wiederspiegeln, weshalb aus
den in diesen Kapiteln enthaltenen Verzeichnissen Schlüsse auf den Beginn

Hemans eine sehr angesehene, so dass sie mit den Asafiten
rivalisieren konnte. Der Chronist, der vielleicht selbst einer
der beiden Abteilungen angehörte, jedenfalls aber auf die
Erhaltung eines guten Einvernehmens unter ihnen grossen
Wert legte, befindet sich nun bei seinen Schilderungen der
levitischen Vergangenheit diesbezüglich in arger Verlegenheit
und hilft sich, so gut er kann. Einmal[1]) bezeichnet er Heman,
den er direkt von dem Propheten Samuel abstammen lässt und
daher den Söhnen Kehaths zuzählt, als den vornehmsten Sänger
und lässt den Gerschoniden Asaf zu seiner Rechten, den Merariten Ethan zu seiner Linken, d. h. also beide zu seinem Bei-
stand fungieren, ein andermal weist er Asaf die erste Stelle
an, so namentlich wiederholt im Kap. 25, woselbst zwar von
Heman 14 Abteilungen, von Asaf 4 und von Jeduthun 6 aufgezählt sind, aber den Asafiten durch das Los der Vorrang
erteilt wird.[2]) Wir haben uns die Sache vielleicht so zu denken,
dass seit der Vereinigung der liturgischen Leviten mit den
Sängern und Thorwärtern, und namentlich seit der Verdrängung
der Leviten aus den wichtigsten Tempelämtern diese sich in
möglichst grosser Anzahl dem Tempelgesange zuwandten und
durch ihr numerisches Übergewicht den Asafiten und Jeduthu-
niten bald erfolgreich Konkurrenz machten. Zur Zeit des
Chronisten war die aus den ehemaligen liturgischen Leviten
gebildete Sängerabteilung, die ihren Stammbaum auf Heman
zurückführte, bereits ebenso mächtig wie die Asafabteilung und
an Zahl ihr jedenfalls überlegen. Was aber das Ansehen und
die Geltung beim Volke betrifft, so verlieh das historische Vorrecht, welches die Asafiten lange Zeit hindurch besessen hatten,
diesen ein gewisses Übergewicht über die Hemaniten, während
die Abteilung Jeduthun oder Ethan sich unweigerlich mit dem
dritten Range begnügen musste. Der Chronist, der es liebt, die
Zustände seiner Zeit durch die Schilderung der Vergangenheit zu
verherrlichen, versucht daher den thatsächlichen Verhältnissen

---

des nachexilischen Zeitalters nicht gezogen werden können. Es ist vielmehr
festgestellt, dass in dem eigentlichen Kern der Bücher Esra und Nechemia,
in welchem die Söhne Asafs mehrfach genannt werden, die Abteilung der
Hemaniten oder auch nur ein Glied dieser Abteilung nicht vorkommt.

[1]) I. Chron. 6, 18 ff.

[2]) Aus I. Chron. 9, 15 und 16 ist, da der Verfasser ein bekanntes
genealogisches Verzeichnis benützt und seine eigene Anschauung nicht zum
Ausdruck bringen kann, für unseren Zweck nichts zu entnehmen.

dadurch Rechnung zu tragen, dass er einmal den Stammvater
der Hemanklasse, das andere Mal den Ahnherrn der Asafiten
mehr herausstreicht und so die Empfindlichkeit beider Klassen
schont. In den Kapiteln 15 und 16, die von der Einholung der
Lade nach Jerusalem handeln, nennt er anfangs[1]) die Häupter
der Sänger in der Reihenfolge Heman, Asaf, Ethan, hernach
aber berichtet er, dass David als Sänger vor der Lade die
Asafiten zurückgelassen habe, die auch das den Psalmen entlehnte Danklied anstimmen, während Heman und Jeduthun
zur Verwaltung des Sängeramtes vor der Wohnung Ihwhs,
auf der Bama; die zu Gibeon ist, angestellt werden. Dass aber
dies ein ehrenvoller Posten ist, deutet er dadurch an, dass auch
der Priester Zadok mit seinen Brüdern, den Priestern, zu
Gibeon fungiert, und dass sich daselbst der Brandopferaltar
befindet, auf welchem das tägliche Morgen- und Abendopfer
dargebracht wird.[2])

Die Kapitel 17—21 enthalten ausser einigen unwesent-
lichen Ausschmückungen und Veränderungen, zum Teil auch
besseren Lesarten nur wenig prinzipielle Verschiedenheiten
von den entsprechenden Kapiteln des zweiten Buches Samuel.
So werden[3]) die Worte aus II. Sam. 7, 1 „und Ihwh hatte ihm
Ruhe verschafft ringsum von allen seinen Feinden," absichtlich
weggelassen, weil der Chronist den Plan der Errichtung eines
Tempels dem frommen Könige David nicht erst nach der
Unterwerfung aller seiner Feinde zuschreiben mag, sondern
diese löbliche Absicht schon früher bei ihm voraussetzt. Dass
es V. 8 heisst: „und ich vertilgte alle deine Feinde vor dir,"
stört ihn dabei nicht sonderlich, da ja auch später noch von
Kriegen mit auswärtigen Feinden gesprochen wird.

Bei der Erwähnung der reichen Beute an Erz, die David
im Kampfe gegen Hadadeser — in der Chronik heisst er stets
Hadareser — machte,[4]) unterlässt es der Verfasser nicht, auf
die spätere Verwendung dieser Beute zum ehernen Meere und
anderen Bestandteilen des Tempels hinzuweisen. Auch genügt
es ihm nicht, dass David nur einen Teil des Silbers und Goldes,
das er den Feinden abgenommen, Gott geweiht habe, wie in

---

[1]) I. Chron. 15, 17.
[2]) Daselbst 16, 39—42.
[3]) Daselbst 17, 1.
[4]) Daselbst 18, 8.

II. Sam. 8, 11, sondern er bedient sich[1]) lieber eines Ausdruckes, der die Auffassung zulässt, dass alles Gold und Silber zu heiligen Zwecken bestimmt worden sei. Die II. Sam. 8, 18 als כהנים bezeichneten Söhne Davids nennt der Chronist[2]) הראשונים ליד המלך; denn wenn es auch an sich unwahrscheinlich ist, dass der Titel כהנים an der erwähnten Stelle Opferpriester bezeichnet, da im vorhergehenden Verse Zadok und Achimelech (Abimelech) als Priester genannt sind, so nimmt er doch an einem Ausdrucke Anstoss, der zu seiner Zeit nur den Ahroniden zukam, und ändert ihn entsprechend um.

Die Versündigung Davids mit Bathseba und alles Weitere aus der Familiengeschichte Davids übergeht er, da er sie für seine Zwecke nicht braucht und er von David nicht gern etwas Böses berichten möchte. Hingegen die durch die Zählung des Volkes begangene Sünde Davids erzählt er ausführlich, weil sich daran die Erwerbung der Tenne Arawnas (Arnans) und die Gründung des Altares zu Jerusalem anschliesst.[3]) Dass er Levi und Benjamin nicht mitgezählt sein lässt,[4]) ist ein Zugeständnis an die Eitelkeit der Angehörigen dieser Stämme; denn Juda ist im Buche Samuel besonders genannt, das übrige Israel aber nur in einer Gesamtsumme zusammengestellt; das ist für Levi nicht passend und entspricht auch nicht der Anordnung von Numeri,[5]) die für diesen Stamm eine besondere Musterung vorschreibt. Den Benjaminiten, von denen sehr angesehene Familien in Jerusalem lebten, erzeigt er bei dieser Gelegenheit durch Anweisung einer eximierten Stellung eine Freundlichkeit, für welche sie sicher nicht unempfindlich waren. — Die Umänderung der II. Sam. 24, 24 als Kaufpreis für die Tenne und die Rinder Arawnas angegebenen 50 Schekel in 600 Schekel Goldes, die nur für den Platz gezahlt werden, ist lediglich auf das Bestreben des Chronisten zurückzuführen, die Bedeutung der für den Kultus so überaus wichtigen Opferstätte auch äusserlich durch eine hohe Kaufsumme hervorzuheben. 50 Silberschekel sind in der That ein sehr niedriger Preis, den ein frommer, opferwilliger König für den zur Errichtung eines Altares von Gott selbst ausgewählten Platz zu

---

[1]) I. Chron. 18, 11.
[2]) Daselbst 18, 17.
[3]) Siehe Raschi zur Stelle.
[4]) I. Chron. 21, 6.
[5]) Num. 1, 49.

zahlen Bedenken tragen müsste; darin läge fast eine Gering-
schätzung des Heiligtumes. Hat doch schon Abraham für
einen Begräbnisplatz 400 Silberschekel gezahlt, und zur Zeit
Davids war der Wert der Silbers kein sonderlich hoher. [1])

Die beiden letzten Verse von Kap. 21 sollen das Verfahren Davids erklären und entschuldigen; denn nach der Ansicht des Chronisten hat es auch vor der Erbauung des Tempels
nur eine legitime Opferstätte gegeben, und diese befand sich
damals in Gibeon, woselbst die von Moses verfertigte Wohnung
Ihwhs und der Brandopferaltar aufgestellt war, was auch
II. Chron. 1, 3—6 nochmals mit Nachdruck betont wird.

In Kap. 22—27 werden die Vorkehrungen Davids für den
Tempelbau geschildert. Am ausführlichsten giebt der Chronist
hierbei die Zahl, die Abteilungen und Dienstleistungen der
Leviten an; bei den Priestern, die er zwischen den Levitenklassen einschaltet, beschränkt er sich auf die Aufzählung der
24 Abteilungen, teilt auch ihre Gesamtzahl nicht mit, während
er die Anzahl der über 30 Jahre alten Leviten auf 38 000
normiert. Von diesen teilt er je 4000 der Sänger- und Thor-
wärterklasse zu, 24 000 bestimmt er, „zu leiten die Arbeit des
Hauses Ihwhs", und mit 6000 besetzt er die Richter- und Beamtenstellen. Wie es möglich gewesen ist, eine so ungeheure
Zahl לנצח על מלאכת בית יהוה [2]) zu verwenden, darüber denkt
er weiter nicht nach, es liegt ihm nur daran, eine Legion von
Leviten zur Verfügung zu haben, um die Wichtigkeit derselben recht grell hervortreten zu lassen; und da 8000 für die
Sänger- und Thorwärterdienste, die zu seiner Zeit die einzigen
Beschäftigungen der Leviten ausmachten, mehr als ausreichend

---

[1]) Dies lässt sich mit ziemlicher Sicherheit aus I. Kön. 10, 21 schliessen.
Denn wenn in den Tagen Salomos Silber gar nicht geachtet wurde, so stand
es sicher kurze Zeit vor seinem Regierungsantritte, nachdem infolge der
glücklichen Kriege Davids so viel Geld ins Land gekommen war. nicht hoch
im Preise. Die Bemühungen der älteren Gelehrten, die verschiedenen Angaben in Samuel und Chronik mit einander in Einklang zu bringen, indem
sie entweder wie Raschi die 50 Schekel als Beitrag jedes Stammes bezeichnen,
was also für 12 Stämme 600 Schekel ausmachte, oder indem sie wie Noldius
die 50 Schekel in II. Sam. als Goldschekel und die 600 Schekel in der
Chronik als Silberschekel auffassen, die dann nach dem Verhältnis von Gold
zu Silber wie 1:12 die gleiche Summe ergeben würden, sieht man mit Fug
und Recht jetzt als verfehlt an.
Siehe Bertheau und Thenius zur Stelle.
[2]) I. Chron. 23, 4.

sind, so bleibt ihm nichts anderes übrig, als die überwiegende
Mehrzahl der Leviten für die Beschäftigungen in Anspruch zu
nehmen, über deren Umfang sich seine Zeitgenossen keine
rechte Vorstellung machen konnten. Auch ist er, weil er von
den Sängern und Thorwärtern je 24 Abteilungen — entsprechend den 24 Priesterabteilungen — bilden und deren
Häupter nennen will, gezwungen, uns über die Vaterhäuser
der 24000 liturgischen und aufsichtführenden Leviten etwas
mitzuteilen, und deshalb nennt er uns eine Anzahl von Namen,
die ihm teils als altlevitische bekannt gewesen sein mögen,
teils aber auch dem Verzeichnisse der Sänger, Thorwärter und
anderer israelitischer Stämme, ja selbst nichtisraelitischen Genealogien entlehnt sind.[1])

Die Bemühungen Bertheaus, auch für diesen Teil der
Leviten die Zahl von 24 Vaterhäusern herauszufinden, haben
zwar den gewünschten Erfolg. Durch mehrfache Hinzufügungen,
Weglassungen und Umänderungen gelingt es, die erwartete
Zahl herauszubringen, aber es ist nicht die geringste Gewähr
dafür geboten, dass der Verfasser selbst 24 Klassen hat auf-
zählen wollen. Es wäre in der That sehr merkwürdig, wenn
gerade hinsichtlich der 23, 6—23 genannten und 24, 20 bis
Ende nochmals aufgezählten Leviten durch die Nachlässigkeit
der Abschreiber eine solche Verstümmelung eingetreten wäre,
während die 24 Abteilungen der Priester, der Sänger und
Thorwärter sämtlich genau, zum Teil mit Angabe der Nummer
und der Oberhäupter aufgezeichnet sind. Auch dürften wir
dann bei den Leviten für die äusseren Geschäfte, bei den
Schreibern und Richtern, die ja 6000, also mehr als die Sänger-
und Thorwärterabteilung, betragen und von denen 26, 29 bis
Ende gesprochen wird, ebenfalls eine Einteilung in 24 Klassen
und eine Angabe der Abteilungsvorsteher erwarten. Aber den
Versuch, dieselben zu rekonstruieren, macht selbst Bertheau
nicht, vermutlich weil er die Unmöglichkeit erkennt, mit den
dürftigen Aufzeichnungen, die nur drei Namen enthalten, etwas
anzufangen. Er bemerkt in der Besprechung von 24, 20—31:
„Es ist immerhin möglich, dass schon dem Verfasser dieses
Verzeichnisses alle Namen der Klassenhäupter aufzufinden
nicht gelang, und dass er nur der Übersichtlichkeit wegen alle
Klassen wieder aufzählte, um den einzelnen Klassen die Häupter,

---

[1]) Vgl. die Namen בריעה, (זינא) זיזא. יעוש u. a.

von denen er Kunde hatte, hinzuzufügen." Bertheau hätte getrost einen Schritt weiter gehen und das, was er als immer-hin möglich bezeichnet, als höchst wahrscheinlich hinstellen, auch nicht bloss auf die Namen der Klassenhäupter beschränken, sondern auf die Klassen selbst anwenden dürfen. Denn aus der Ungenauigkeit aller Angaben des Chronisten über die nicht zu den Sängern und Thorwärtern gehörenden Leviten können wir schliessen, dass ihm die Verhältnisse dieser Leviten-abteilungen nicht bekannt waren, und dass er nur aus münd-lichen oder schriftlichen Überlieferungen, zum grossen Teile auch wohl aus seiner Phantasie geschöpft hat, um nicht eine allzu grosse Lücke in seinem Berichte zu lassen. Aus seiner Unbekanntschaft mit den Zuständen der liturgischen Leviten etc. geht aber klar hervor, dass er für dieselben nicht wie für die der Sänger und Thorwärter in den faktischen Zuständen seiner Zeit einen Anhaltspunkt besitzt, sondern dass er nur die Er-innerung an untergegangene Institutionen aufrecht erhält. Im Kap. 9, welches die Zustände seiner Zeit schildert, konnte er über die ehemaligen liturgischen Leviten gänzlich hinweggehen und deren Befugnisse den Thorwärtern übertragen; hier aber, wo er von der Vergangenheit spricht, und wo ihm daran liegt, durch die gewaltige Anzahl der Leviten ihre Bedeutung für das Heiligtum zum Ausdrucke zu bringen, kann er unmöglich über die liturgischen Leviten, welche die Aufsicht über die Arbeit des Gotteshauses haben, sowie über die das Richter- und Schreiberamt verwaltenden Leviten vollkommenes Schweigen beobachten. Da er aber nichts Bestimmtes von ihnen weiss, über ihre genealogischen Verhältnisse, ihre Einteilungen und Oberhäupter nichts Genaues mitteilen kann, muss er sich auf einzelne Namen beschränken und es dem Leser überlassen, sich in der schwierigen Materie zurechtzufinden. Ein Rück-schluss von Kap. 23 und 26 auf Kap. 9 zum Beweise, dass der Verfasser auch hier (Kap. 9) liturgische Leviten im ehemaligen Sinne des Wortes vor Augen gehabt hat, ist darum völlig un-gerechtfertigt.

Bei den Söhnen Amrams[1]) wird erwähnt, dass Ahron ab-gesondert worden sei, „dass er als hochheilig geheiligt werde, dass er und seine Söhne vor Ihwh räuchern, ihm dienen und in seinem Namen den Segen sprechen sollten bis in Ewigkeit,

---

[1]) I. Chron. 23, 13 ff.

dass aber die Söhne des Gottesmannes Moses nach dem Stamme Levi (d. h. nicht nach den Priestern) genannt seien." Damit soll auf die hohe, vornehme Abstammung der Leviten aufmerksam gemacht werden, welche derjenigen der Priester nicht nachsteht, zugleich werden auch die Leviten daran erinnert, dass sie sich mit einem Amte, welches Moses und dessen Söhne verwaltet haben, wohl zufrieden geben können. Von den Söhnen Gerschoms wird nur Schebuel genannt, aber durch das Wörtchen הראש wird doch angedeutet, dass auch noch andere Söhne existieren, während bei Elieser die Bemerkung gemacht ist, dass er ausser seinem Sohne Rechabja weiter keine Söhne hatte. Bei Gerschom konnte diese letztere Bemerkung mit Rücksicht auf den Richter 18, 30 genannten Jonathan nicht gemacht werden, der Chronist geht aber selbstverständlich mit Stillschweigen über diesen dem ganzen Stande nicht zur Ehre gereichenden Leviten hinweg.

Grosse Schwierigkeiten bereiten die Verse 24—27 in unserem Kapitel, in denen mitgeteilt wird, dass die Leviten vom 20. Jahre und darüber gemustert seien, da David gesagt habe: „Ihwh, der Gott Israels, hat seinem Volke Ruhe verschafft und will ewiglich in Jerusalem wohnen; so haben denn die Leviten nicht mehr die Wohnung und alle Dienstgeräte zu tragen. Daher ist in der späteren Geschichte Davids die Zahl der Söhne Levis vom 20. Jahre an und darüber angegeben." Zu Anfang des Kapitels war gesagt, dass die Leviten vom 30. Jahre an gezählt seien; also hat David nach dem Berichte des Chronisten in seinen letzten Lebensjahren eine Änderung eingeführt und diese damit begründet, dass nunmehr, da der levitische Dienst ein leichterer geworden sei, schon zwanzigjährige Jünglinge verwendet werden können. Die meisten Erklärer begnügen sich mit dieser Begründung und sehen das Unhaltbare derselben garnicht ein. Nur Bertheau erkennt, dass der Chronist, der die Angabe der durch David eingeführten Änderung in irgend einem Werke gefunden habe, dieselbe für die Entscheidung einer ihm wichtigen Frage zu gebrauchen sich veranlasst sah. Doch welche wichtige Frage dies ist, darüber weiss er nichts mitzuteilen.

Von vornherein ist es schon auffallend, dass hinsichtlich der Leviten in Numeri eine andere Altersgrenze angenommen wird als sonst. Alle Israeliten werden vom zwanzigsten Jahre an zum Heeresdienste gemustert, die Leviten erst vom dreissig-

8*

sten, und sie haben nur bis zum fünfzigsten Jahre zu dienen.[1]) Worin besteht denn die Schwere ihres Dienstes? Sie haben das Stiftszelt nebst allen seinen Geräten während des Marsches von einem Orte zum anderen zu befördern. Aber die Merariten und Gerschoniten, denen die massiven Bestandteile überwiesen sind, bedienen sich hierzu der Hülfe von 6 Wagen und 12 Zugstieren. Nur die Kehathiten müssen auf der Schulter tragen. Aber sie haben auch nur für folgende nicht sehr schwere Geräte zu sorgen: Lade, Schaubrottisch, Schüssel, Opferschalen, Gussopferplatten, Leuchter, Räucher- und Brandopferaltar nebst Kohlenschaufeln, Gabeln und Becken.[2]) Dass zum Transporte dieser Geräte die Vollkraft des Mannes erforderlich ist, dass hierzu die Kraft von Jünglingen im Alter von 20—30 Jahren, die doch zum Kriegsdienste tauglich sind, nicht ausreicht, wird sich schwerlich behaupten lassen, zumal wenn wir er- wägen, dass nach Num. 4, 36 die Zahl der Kehathiten im Alter von 30—50 Jahren 2750 betrug, was für die im Alter von 20—30 Jahren Befindlichen eine Anzahl von 1400, für sämtliche Kehathiten von 20—50 Jahren über 4000 ergeben würde. Dadurch war die Möglichkeit, einander auf dem Marsche abzulösen, in überreichem Masse vorhanden; und bei den Mera- riten und Gerschoniten, welche nur das Auf- und Abladen der Bretter, Säulen und Teppiche zu besorgen hatten, und welche in der stattlichen Zahl von 2630 und 3200 erscheinen, kann die Rücksicht auf die Schwere des Dienstes noch viel weniger für die Festsetzung der Altersgrenze bestimmend gewesen sein. Übrigens steht im Pentateuch selbst nur die Thatsache ver- zeichnet, dass die Leviten von 30 bis 50 Jahren gemustert wurden, der Grund für die Ansetzung eines so späten Anfangs- und eines so frühen Endtermines ist nicht angegeben, vielmehr von den Erklärern mit Bezug auf die in Rede stehende Stelle der Chronik hinzugefügt worden.

In Wahrheit verhält es sich jedoch umgekehrt. Nicht die Schwere, sondern gerade die Geringfügigkeit des levitischen Dienstes machte die Beschränkung auf zwei Jahrzehnte not- wendig. Der Autor der vier ersten Kapitel von Numeri, der die Zahl der waffenfähigen Männer in Israel entsprechend den Angaben von Exod. 12, 37 und Num. 11, 21 auf mehr als 600 000 normiert und dem kleinsten Stamme über 30 000 Mann

---

[1]) Num. 4, 3. 23. 30. 35. 39. 43. 47.
[2]) Num. 3. 31; 4, 5—14; 7. 7—9.

im Alter von mehr als 20 Jahren zuteilt, konnte unmöglich die Angehörigen des Stammes Levi niedriger feststellen, als er es thut; denn er nimmt nur 8580 Leviten im Alter von 30—50 Jahren und 22 300 von mehr als einem Monate an. Aber selbst diese verhältnissmässig geringe Zahl von Leviten ist für die wenigen und unbedeutenden Dienstleistungen, die ihnen übertragen waren, viel zu gross und lässt die Einzelnen nur selten zur Verwendung kommen.

So lange die Leviten im nachexilischen Staate in geringer Anzahl vorhanden waren, blieb die pentateuchische Vorschrift, nach welcher sie erst von 30 Jahren an zum Amte zugelassen werden sollten, unbeachtet.[1] Als aber später ihre Zahl durch die Vereinigung mit den Sängern und Thorwärtern eine beträchtliche geworden, und als ihnen ein grosser Teil ihrer ehemaligen Funktionen entzogen war, wurde von seiten der Priester sorgfältig darüber gewacht, dass die Altersgrenze genau eingehalten und kein Levit von weniger als 30 und mehr als 50 Jahren zu einem Tempeldienste zugelassen wurde.[2]

Der Chronist, der in der Fernhaltung der im Alter von 20—30 Jahren stehenden Leviten eine Zurücksetzung gegenüber den Priestern erblickt, welch letztere ja schon früher heilige Handlungen verrichten durften, und dem ausserdem nicht unbekannt ist, dass ehedem diese Beschränkung nicht

---

[1] Vgl. Esra 3, 8.

[2] Es dürfte vielleicht die Annahme gerechtfertigt erscheinen, dass die Festsetzung des 30. Lebensjahres als Anfangstermin für den Dienst der Leviten erst nach dem Siege der Priester erfolgt ist, und dass bis zu diesem Zeitpunkte vom zurückgelegten 20. Lebensjahre an die levitische Thätigkeit gestattet war; denn die doppelte Zählung der Leviten in Numeri ist an sich schon auffallend und befremdend. Num. 3 werden bereits die den drei Tribus der Leviten zuerteilten Funktionen, sowie die Stellung, welche sie im Lager einzunehmen haben, ausführlich geschildert, und die Wiederholung im folgenden Kapitel erscheint trotz der Einzelaufführung der ihnen zur Bewachung übertragenen Teile des Stiftszeltes vollkommen überflüssig. Sodann aber passen die in diesen beiden Kapiteln angeführten Zahlen durchaus nicht zu einander, da die Summe von 8580 für die zwanzig Jahrgänge von 30—50 Lebensjahren im Verhältnis zu der Gesamtsumme der Leviten von einem Monate und darüber, welch letztere 22 300 beträgt, viel zu gross ist. Endlich geschieht Num. 8, 5—23, woselbst über die Einweihung der Leviten berichtet wird, des Umstandes, dass sich alle diese Formalitäten nur auf die Leviten von 30—50 Jahren beziehen, keine Erwähnung und gerade an dieser Stelle hätte man die Angabe einer Altersgrenze, wenn sie überhaupt existierte, wohl erwarten dürfen.

Über den Schluss von Num. 8 siehe weiter unten.

existiert hat oder doch nicht eingehalten worden ist, macht
nun den schüchternen Versuch, trotz der entgegenstehenden
pentateuchischen Bestimmungen die Berechtigung der zwanzig-
jährigen Leviten zum Tempeldienste wiederherzustellen, und
erzählt zu diesem Zwecke, dass David, der noch im hohen
Alter die Leviten vom dreissigsten Jahre an hatte zählen
lassen, ganz am Ende seines Lebens die Änderung eingeführt
habe, sie schon vom zwanzigsten Jahre an zu verwenden, und
diese Änderung damit begründet habe, dass sie fortan das
Stiftszelt nicht mehr zu tragen hätten. Selbstverständlich kann
der Chronist bei dieser Gelegenheit es sich nicht versagen,
nochmals die wichtigsten Funktionen der Leviten aufzuzählen
und besonders ihre Verwendung beim Opferdienste, bei der
Zubereitung der Schichtbrote, bei der Austeilung und Abmessung
des zu den Mehlopfern, den Fladen u. s. w. erforderlichen
feinen Mehles, sowie bei der Darbringung der Brandopfer an
Sabbathen, Fest- und Neumondstagen zu betonen.[1]) In dem
Schlussverse des Kapitels, in welchem er den ganzen levitischen
Dienst noch einmal zusammenfasst, weiss er es geschickt so
einzurichten, dass seine Darstellung mit den Bestimmungen von
Num. 18, 3—5 übereinstimmt, er will dadurch die Vorstellung
erwecken, dass auch die in den früheren Versen von ihm gegebene Schilderung der levitischen Thätigkeit in der pentateuchischen Gesetzgebung implicite enthalten sei, was aber in
Wahrheit durchaus nicht der Fall ist.

In Kap. 24 werden die 24 Priesterabteilungen genannt,
und dabei wird bemerkt, dass die dem Hause Eleasars angehörenden Priester wegen ihrer grösseren Anzahl 16, die der
ithamarschen Linie entstammten nur 8 Abteilungen bildeten.[2])
Wohl zu beachten ist die Vers 6 gemachte Mitteilung, dass
der Levit Schemaja vor dem Könige, den Fürsten, den Ober-
priestern und den Familienhäuptern der Priester und Leviten
die Namen aufschreibt. Es liegt dem Verfasser eben daran,
zu betonen, dass ohne die Hülfe der Leviten die Ahroniden
garnicht fertig werden können, dass sie zur Regelung ihrer
eigenen Angelegenheiten der Unterstützung durch die Leviten
bedürfen. Zu den Leviten übergehend, giebt er sich den Anschein, als wolle er auch für die Klasse der liturgischen Leviten
die Abteilungen feststellen; aber er begnügt sich damit, nur

---

[1]) 1. Chron. 23, 28 bis Ende.
[2]) Über die Reihenfolge der Priesterfamilien siehe Graetz IIb 392.

5 derselben aufzuzählen und erwähnt dann, dass auch sie
„neben ihren Brüdern, den Priestern," Lose geworfen, d. h.
ihre Zugehörigkeit zu einer Abteilung von dem Ergebnisse des
Loses abhängig gemacht hätten. Dagegen führt er[1] die von
den drei Sängerhäuptern Asaf, Jeduthun, Heman abstammenden
24 Sängerabteilungen unter Benennung jeder einzelnen Abteilung
auf, nachdem er zuvor sich weitläufig über die Bedeutung ihrer
Ämter und die Art der Ausübung der Sangeskunst ge-
äussert hat. Wir dürfen mit Sicherheit annehmen, dass diese
24 Sängerklassen zu seiner Zeit schon existiert haben. Die
Thorwärter jedoch hatten noch nicht eine so feste Organisation,
wie aus Kap. 26 zu ersehen ist. Es werden da wohl auch[2]
24 Wachtposten herausgerechnet, aber bei der Aufzählung
kommt der Chronist doch nur bis zur Abteilung 7, von da ab
wird er unsicher, er fusst nicht mehr auf thatsächlichen Verhältnissen, sondern ergänzt mit seiner Phantasie, fühlt sich
auch verpflichtet, den Obed-Edom, den Thorwärter und Leviten
κατ' ἐξοχήν und dessen Nachkommenschaft nebst Chosa, den er
dem Obed Edom früher[3] zum Spezialkollegen gegeben hatte,
als Häupter von Thorwärterabteilungen zu bezeichnen. Wie sehr
er hierbei den Boden unter den Füssen verliert, zeigt am deut-
lichsten Vers 9, wo er noch einmal auf den V. 1 und 2 genannten Meschelemja zurückgeht, dessen Nachkommen er
gleichfalls schon aufgezählt hatte. Dass neben den levitischen
Thorwärtern auch Priester im Inneren des Tempels den Wacht-
dienst zu versehen hatten, wie es thatsächlich später der Fall
war,[4] erwähnt er natürlich nicht; ihm ist es ja darum zu thun,
dieses Amt als ein rein levitisches erscheinen zu lassen.

Auch zu den liturgischen Leviten, von denen er schon
Kap. 23 und 24 gesprochen hatte, kehrt er nochmals zurück.
Es sind ja 24 000 an Zahl, da müssen doch ihre Leistungen,
von denen er oben nicht allzuviel weiss, entsprechend gewürdigt
werden, und er weist ihnen daher ausser den früher schon
näher bezeichneten Funktionen die Oberaufsicht über die verschiedenen Arten von Tempelschätzen und Tempelvorräten zu.
Hinsichtlich der Namen ist er in grosser Verlegenheit. Alles,
was irgend an einen levitischen Namen anklingt, hat er schon

[1] Kap. 25.
[2] I. Chron. 26, 17. 18.
[3] Daselbst 16, 38.
[4] Siehe oben.

bei den Sängern und Thorwärtern verbraucht, und er muss sich daher mit den in Numeri genannten Familienhäuptern der Leviten behelfen, denen er noch ein paar andere Namen anfügt. Die Söhne Moses' Gerschom und Elieser und deren Nachkommen werden besonders hervorgehoben. Von einem Abkömmlinge Moses' Schelomith oder Schelomoth wird erzählt,[1]) dass er nebst seinen Brüdern über die Schatzkammern der von David und den Stammhäuptern geweihten Heiligtümer gesetzt war. Derselbe war sicherlich ein berühmter Mann, und sein Name hatte in Levitenkreisen einen guten Klang, aber seine Abstammung von Moses bleibt ungeachtet der genauen Aufzählung seiner Vorfahren sehr zweifelhaft; denn einmal[2]) wird ein Schelomith als Sohn Schimeis, d. h. also als ein Gerschonite und sodann[3]) als ein Sohn des Kehathiten Zizhar, des Oheimes Moses', bezeichnet.

Schliesslich kann der Chronist über die 6000 zu Richtern und Aufsehern bestellten Leviten nähere Angaben zu machen nicht unterlassen. Aber er nennt von ihnen nur drei Namen und bezeichnet ihre Dienstleistungen nur im allgemeinen, dass sie nämlich zum Teil über die äussere Arbeit für Israel zu Vögten und Richtern, zum grössten Teile aber über Israel diesseits und jenseits des Jordan für allerlei Verrichtungen Gottes und für den Dienst des Königs bestellt seien.[4]) Worin diese Verrichtungen bestanden, wird nicht mitgeteilt; offenbar ist der Verfasser darüber sich selbst nicht klar, aber es ist ihm daran gelegen, den Eindruck hervorzurufen, dass die Verwaltungsmaschine, durch welche die staatlichen und religiösen Angelegenheiten getrieben werden, vornehmlich von Leviten bedient wird.

Nachdem alles auf den Priester- und Levitendienst Bezügliche vollständig geordnet ist, werden auch die das übrige Israel betreffenden Verordnungen Davids mitgeteilt, wobei der Verfasser von dem Bestreben geleitet wird, die I. Kön. 4 und 5 Salomo zugeschriebenen Einrichtungen auf den Gründer der Dynastie, auf David zu übertragen, der ja füglich seine Sorgfalt nicht ausschliesslich dem Heiligtume zuwenden kann. Die beiden letzten Kapitel des ersten Buches der Chronik sind freilich wiederum grösstenteils den Kultuseinrichtungen ge-

---

1) I. Chron. 26, 26.
2) Daselbst 23. 9.
3) Daselbst V. 18.
4) Daselbst 26, 29. 30.

widmet, die bis in die unbedeutendsten Einzelheiten sämtlich
schon von David vorgesehen sind. In dem Übereifer, die Quan-
titäten edlen Metalles, die der fromme König für den Tempel
gesammelt hatte, möglichst gross erscheinen zu lassen, macht sich
der Chronist nicht nur mancher Übertreibungen schuldig, sondern
er weiss sich auch vor Anachronismen, wie z. B. der Erwähnung
des Goldes aus Ophir,[1]) nicht zu hüten und gerät vielfach in
Widerspruch mit den ausdrücklichen Angaben des Buches der
Könige, was den Bibelerklärern viele Schwierigkeiten bereitet.[2])
Auch die um David versammelten Fürsten bringen auf seine
Aufforderung wertvolle Geschenke, die an den Gerschoniten
Jechiel abgeliefert werden; die letztere Bemerkung erfolgt nur
zu dem Zwecke, auch bei dieser Gelegenheit die Mitwirkung
der Leviten zum Ausdrucke zu bringen.

Aus der in den ersten sieben Kapiteln des zweiten Buches
der Chronik gegebenen Schilderung des Tempelbaues und der
Tempeleinweihung interessieren uns nur die aus der Tendenz
des Buches zu erklärenden Abweichungen von der Darstellung
des Buches der Könige. Nach der Ansicht des Verfassers ist
vor der Erbauung des Tempels die einzige legitime Opferstätte
nicht in Jerusalem, sondern in Gibeon, woselbst sich der eherne
Altar und das Stiftszelt befinden. Dies wird nochmals hervorgehoben,[3]) obwohl es schon I. Chron. 21, 29 und 30 angedeutet
war. Daher fehlt auch Kap. 1 V. 13 die 1. Kön. 3, 15 enthaltene Bemerkung, dass Salomo nach seiner Rückkehr von
Gibeon in Jerusalem ebenfalls Brand- und Friedopfer dargebracht hat. — In dem Schreiben an den König Churam bezeichnet
Salomo als den ersten Zweck der Errichtung des Tempels,
dass daselbst Räucherwerk von Spezereien geräuchert wird;[4])
denn das war zur Zeit des Chronisten in der That der heiligste
und feierlichste Akt des Kultus. — Die Verfertigung des Vor-
hanges vor dem Allerheiligsten, über welchen das Buch der
Könige Schweigen beobachtet, kann der Chronist[5]) mit Rücksicht auf Exod. 26, 31 und 33 nicht fortlassen; dafür erwähnt
er aber die Thüren aus Ölbaumholz nicht, die I. Kön. 6, 31
vorkommen. Auch des von Salomo verfertigten chernen Altares,

---

[1]) I. Chron. 29, 4.
[2]) Siehe David Kimchi zu 28, 15 und 29, 4.
[3]) II. Chron. 1, 3—6.
[4]) Daselbst 2, 3.
[5]) Daselbst 3, 14.

von welchem I. Kön. 9, 25 nur beiläufig die Rede ist, wird in der
Chronik ausdrücklich gedacht und der Umfang desselben wird
genau angegeben. — Als Träger der Lade sind die Leviten
bezeichnet,[1]) (I. Kön. 8, 3 die Priester) im folgenden Verse
heisst es jedoch, die Lade nebst dem Stiftszelte und allen
heiligen Geräten, die im Zelte waren, sei von den Leviten-
priestern (הכהנים הלוים) hinaufgebracht worden und V. 7 endlich wird in wörtlicher Übereinstimmung mit I. Kön. 8, 6
erzählt, dass die Priester die Lade an ihren Ort in das Allerheiligste unter die Flügel der Cherubim brachten. Da der
Chronist Levitenpriester nicht kennt,[2]) sondern streng zwischen
Priestern und Leviten scheidet und eifersüchtig darüber wacht,
dass die den Leviten im Pentateuch eingeräumten Rechte, zu
denen in erster Reihe das Tragen der Lade und der heiligen
Geräte gehört, nicht geschmälert werden, so kann es nicht
zweifelhaft sein, dass die Änderung des Wortes כהנים in לוים
in Vers 4 eine absichtliche ist. Dagegen entspricht es der pentateuchischen Kultusgesetzgebung, dass die Priester, und nur
diese, die Lade in das Allerheiligste tragen, daher auch Vers 7
nur כהנים und nicht לוים genannt werden. Der Chronist will
offenbar ausdrücken, bis zum Eingange in das Heiligtum hätten
die Leviten die Lade getragen, dann aber hätten die Priester
sie ihnen abgenommen und sie an ihren Ruheplatz gebracht;
in Wirklichkeit seien sowohl Leviten als auch Priester bei dem
Hinüberführen der Lade in den salomonischen Tempel beschäftigt gewesen. In Vers 5 ist das Wort הכהנים entweder
zu streichen, oder was noch wahrscheinlicher, vor הלוים ist ein
ו zu setzen. Durch die letztere Annahme erklärt sich auch
am einfachsten das höchst auffallende הכהנים והלוים I. Kön. 8, 4.
Der ganze Vers, jedenfalls aber der Schluss dieses Verses ist
ein von dem Abschreiber gemachter, der Chronik entnommener
Zusatz, der merkwürdiger Weise die ursprüngliche richtige
Lesart aufbewahrt hat.[3])

---

[1]) II. Chron. 5, 4.

[2]) Über die zwei anderen Stellen der Chronik, an denen Levitenpriester
vorkommen, siehe unten.

[3]) Die LXX haben an unserer Stelle II. Chron. 5, 5: οἱ ἱερεῖς καὶ
οἱ Λευῖται; I. Kön. 8, 4 haben sie nur als Fortsetzung des vorhergehenden
Verses καὶ τὸ σκήνωμα τοῦ μαρτυρίου καὶ τὰ σκεύη τὰ ἅγια τὰ ἐν τῷ
σκηνώματι τοῦ μαρτυρίου. Die Anfangsworte ויעלו את ארון יהוה und

Statt der einfachen Mitteilung von I. Kön. 8, 10, dass
beim Hinaustreten der Priester aus dem Heiligtume eine Wolke
den Tempel erfüllt habe, bringt die Chronik[1]) auch die Nachricht, dass die drei levitischen Sängerabteilungen, die in Byssus
gekleidet,[2]) östlich vom Altare, neben den die Trompeten
blasenden Priestern standen, mit Cymbeln, Psaltern und Cithern
rauschende Musik gemacht haben, und dass dann erst die
Rauchwolke das Haus erfüllte.[3]) Nachdem dann[4]) entsprechend
I. Kön. 8, 63 erzählt ist, dass der König und das ganze Volk
das Haus Gottes eingeweiht habe, kann der Chronist es nicht
unterlassen, hinzuzufügen, dass auch die Priester und Leviten
ihren Anteil an dieser Einweihung hatten. Ebenso fühlt er sich
veranlasst, die kurze Angabe von I. Kön. 9, 25 dahin zu erweitern,[5]) dass Salomo die Ordnung für die Priester, die Sänger
und Thorwärter genau festgestellt habe, und dass seine Anordnungen pünktlich befolgt seien. Der Bericht über die Einrichtungen des Kultus im Tempel zu Jerusalem kann nach
des Chronisten Ansicht keinen würdigeren Abschluss finden,
als mit der Hervorhebung der Fürsorge des Königs für die
Priester und Leviten; diese behalten gewissermassen das
letzte Wort.

Als nach der Teilung des Reiches Jerobeam den Stier-
kultus eingeführt hatte, begaben sich die Priester und Leviten
aus ganz Israel zu Rechabeam, und ihnen schlossen sich die
gottesfürchtigen Israeliten aus allen Stämmen an.[6]) Da die
Ahroniden ihre Wohnsitze nur in den Gebieten von Juda,
Simeon und Benjamin hatten,[7]) ist es eigentlich selbstverständlich, dass sie sich zu Rechabeam gesellen, denn sie wohnen
ja innerhalb der Grenzen seines Reiches. Der Chronist will
auch in Wahrheit, wie aus V. 14 hervorgeht, nur den Leviten
das ehrende Zeugnis ausstellen, dass sie Haus und Hof ver-

die Schlussworte ויעלו אתם הכהנים והלוים haben sie nicht übersetzt, höchst
wahrscheinlich, weil dieselben in dem ihnen vorliegenden Texte noch nicht
enthalten waren.

[1]) II. Chron. 5, 12 und 13.
[2]) Byssuskleider zu tragen, war ein alter Lieblingswunsch der Leviten,
den der Chronist gern erfüllt sähe; siehe I. Chron. 15, 27; Jos. Altert. XX, 9, 6.
[3]) Über II. Chron. 6, 13 siehe Wellhausen, Gesch. Israels pag. 193.
[4]) II. Chron. 7, 5.
[5]) Daselbst 8, 12—16.
[6]) Daselbst 11, 13—16.
[7]) I. Chron. 6, Josua 21.

lassen haben, um ihrem Gotte treu zu bleiben. Aber er fürchtet
doch, der Eitelkeit der Priester nicht gerecht zu werden, wenn er
bei dieser Gelegenheit nicht auch ihrer Anhänglichkeit an den
Tempel und ihrer Treue gegen die davidische Dynastie gedenkt.
Von Josaphat wird erzählt,[1]) dass er mehrere Fürsten in
die Städte Judas geschickt habe, um das Volk zu lehren, und
mit ihnen neun Leviten und zwei Priester; und ferner,[2])
dass er von den Leviten und Priestern und den Stammesfürsten
zu Richtern in Jerusalem eingesetzt habe. Als die Söhne Moabs
und Ammons gegen Josaphat zu Felde ziehen, da kommt über
Jachasiel, den Leviten von den Söhnen Asafs, der Geist Ihwhs
inmitten der Versammlung, und er verkündet in prophetischer
Rede Sieg über die Feinde.[3]) Es störte den Chronisten, dass
aus der Königszeit nicht ein einziger levitischer Prophet in
der heiligen Literatur genannt war, und er schiebt deshalb,
um diese auffällige Thatsache zu beseitigen, einen solchen
hier ein. Die Kehathiten hatten bereits durch Samuel, den ja
die Chronik zu einem Abkömmlinge Kehaths macht, eine pro-
phetische Auszeichnung erhalten; nun durften auch die Gerschoniten, zu denen die hervorragende Abteilung Asaf gezählt
wurde, nicht leer ausgehen. Aber um jede Rivalität zwischen
den beiden Tribus zu verhüten, wird auch hier[4]) die Thätigkeit der Kehathiten, und zwar der Korachiten, besonders hervorgehoben, die durch ihren mächtigen Gesang die Feierlichkeit des Momentes erhöhen.[5])
Die Schilderhebung des Joasch[6]) bietet dem Verfasser
reiche Gelegenheit, die Leviten herauszustreichen. Sie sind
neben dem Priester Jojada die eigentlichen Stützen und Verteidiger des jungen Königs, thun auch viel mehr zu seiner
Erhebung und zum Sturze Athaljas als die gewöhnlichen
Priester. Das muss Jojada wohl im voraus gewusst haben;
darum lässt er, ehe er etwas beginnt, die Leviten aus allen
Städten sammeln, sie umgeben schützend den König, — ausser
ihnen und den Priestern darf bei Todesstrafe niemand das

[1]) II. Chron. 17, 7. 8.
[2]) Daselbst 19, 8.
[3]) Daselbst 20, 14—17.
[4]) Daselbst V. 19.
[5]) Der Ausdruck „von den Söhnen der Kehathiten und der Korachiten"
II. Chron. 20, 19 ist auffallend, weil letztere auch zu den Nachkommen
Kehaths gehören; siehe Bertheau zu der Stelle.
[6]) Daselbst Kap. 23.

Innere des Tempels betreten —, sie thun überhaupt alles das, was im zweiten Buche der Könige Kap. 11 von den Hauptleuten und der Leibwache erzählt wird. Bei der Huldigungsfeier stimmen die Sänger Gesänge an und spielen musikalische Instrumente. Diesen Zusatz, den das Königsbuch nicht kennt, hält der Chronist für nötig, damit nicht die Thätigkeit der levitischen Sänger unerwähnt bleibe, während vom Volke berichtet wird, dass es durch Trompetenstösse die Feierlichkeit des Aktes weithin zum Ausdrucke gebracht habe.[1]) Die kurze Notiz aus II. Kön. 11, 18 „der Priester bestellte die Ämter im Hause Ihwhs" erweitert er durch Aufzählung der wichtigsten Funktionen der Priester und Leviten, wobei er sich auf die Lehre Moses' und auf David beruft.[2])

Die Ausbesserung des Tempels durch Joasch kann natürlich nicht ohne Leviten geschehen. Er versammelt daher, ehe er an die Ausführung seines Vorhabens geht, die Priester und Leviten, die ersteren nur honoris causa, die letzteren zur Eintreibung der Steuer. Denn da zur Zeit des Chronisten die Schekelgesetzgebung und deren Anwendung durch Moses schon bekannt war,[3]) brauchte man sich nicht mehr auf Schätzungsgelder, freiwillige Spenden etc.[4]) zu beschränken, sondern konnte einfach die biblisch vorgeschriebene Auflage erheben. Nach II. Kön. 12, 7—9 hatten die Priester bei diesem Anlasse sich nicht in besonders günstigem Lichte gezeigt und das ihnen von ihren Bekannten überlieferte Geld nicht zu dem Zwecke der Tempelausbesserung verwendet, weshalb auch der König ihnen die Befugnis aberkannte, noch ferner Geld in Empfang zu nehmen, und die Angelegenheit nunmehr durch Jojada, durch die an der Schwelle Wache haltenden Priester und durch einen königlichen Beamten bestens besorgen liess. Der

---

[1]) Siehe über diese ganze Darstellung Wellhausen, Gesch. Israels, 203 ff.

[2]) II. Chron. 23, 18. 19. Die Bezeichnung בְּיַד הַכֹּהֲנִים הַלְוִיִּם, auf welche manche Erklärer grosses Gewicht legen, und welche als Beweis gelten sollen, dass auch dem Chronisten der deuteronomische Ausdruck „Levitenpriester" nicht ganz fremd ist, dürfte wohl nichts weiter als ein Schreibfehler sein. Das ו vor הַלְוִיִּם ist ausgefallen, wie ja auch aus den Worten בְּשִׂמְחָה וּבְשִׁיר עַל יְדֵי דָוִיד, die sich doch nur auf die Leviten, nicht auf die Priester beziehen können, deutlich erhellt. Die LXX haben in diesem Verse, der im hebräischen Texte überhaupt verstümmelt ist, zweimal ἱερέων καὶ Λευιτῶν.

[3]) Exod. 30, 12—16; 38, 25. Vgl. auch. Nech. 10, 33.

[4]) II. Kön. 12, 5.

Verfasser der Chronik will aber lieber die Leviten einer Nachlässigkeit und Saumseligkeit bezichtigt, als ihnen ein Recht
vorenthalten sehen, das ihnen gebührt. Er schwächt darum
das Unrecht der Leviten ab, stellt sie nicht als engherzig und
selbstsüchtig dar, sondern belegt sie nur mit dem Vorwurfe,
dass sie nicht genug geeilt hätten,[1]) der aber gleichzeitig auch
den Hohenpriester trifft, weil or hätte darauf sehen müssen,
dass jene mit grösserem Eifer an die Erfüllung ihrer Pflichten
gingen. Ihre Amtsbefugnisse behalten sie trotzdem doch; denn
sie bringen jedesmal die Lade, so oft sie sich überzeugt haben,
dass viel Gold in derselben ist, zur Wache des Königs und
besorgen so das Wichtigste in dieser Angelegenheit.[2]) Wenn
die Chronik im Gegensatze zu II. Kön. 12, 14 auch Dienstgeräte,
sowie silberne und goldene Gefässe aus dem aufgebrachten
Gelde verfertigen lässt, so thut sie dies nur, um der Freigebig-
keit der Fürsten und des Volkes ein ehrendes Zeugnis aus-
zustellen; denn diese haben so viel geliefert, dass nicht alles
zur Ausbesserung des Heiligtumes gebraucht wird. Durch den
Zusatz „als sie es vollendet hatten, brachten sie das übrig-
gebliebene Gold vor den König und Jojada," soll der Widerspruch gemildert oder ganz beseitigt werden.[3])

II. Chron. 25, 23 stimmt fast wörtlich mit II. Kön. 14, 14
überein; nur sieht sich der Chronist bemüssigt hinzuzufügen,
dass die Familie des Obed Edom, von welchem er mehrmals
erzählt hat, dass er und seine Söhne das Wächteramt versahen,
auch zu jener Zeit noch diese Funktion ausübte.

Der Aussatz Usijas, über den es II. Kön. 15, 5 heisst:
„Ihwh schlug den König und er ward aussätzig bis zu seinem
Todestage," giebt dem Chronisten sehr willkommene Gelegenheit, einerseits für das in damaliger Zeit von den Priestern als
ihr heiligstes Privilegium mit Eifersucht bewachte Recht der
Darbringung des Räucherwerkes energisch einzutreten, und
andererseits die Vorstellung wachzurufen, dass schon in früher
Zeit von einem sonst gottesfürchtigen Könige gegen dieses
Privilegium gefrevelt worden sei.[4]) Also nicht die Leviten
sind es, welche in die Rechtssphäre der Ahroniden eingreifen,
sondern ein davidischer Spross, der aber auch alsbald hart

---

[1]) ‎ולא מהרו הלוים:‎.
[2]) II. Chron. 24, 5. 6. 11.
[3]) Siehe David Kimchi zur Stelle.
[4]) II. Chron. 26, 16—21.

dafür bestraft wird. Es soll von den Leviten das Odium genommen werden, welches seit ihrem Streite mit den Priestern auf ihnen lastete. Der Verfasser bemüht sich nachzuweisen, dass während der ganzen Königszeit von ihnen niemals die Hand nach dem Räucherwerke ausgestreckt, dass dieses böse Beispiel vielmehr von einem mächtigen, in seinen Unternehmungen von Gott gesegneten und dadurch übermütig gewordenen Könige gegeben wurde.

Kap. 28 wird von dem Könige Achas zwar alles mögliche Schlechte und Gottlose erzählt, aber die in II. Kön. 16, 10—16 weitläufig geschilderte, bedeutsame Thatsache, dass er nach dem Muster des Altares von Damaskus einen ähnlichen in Jerusalem habe anfertigen und durch den Priester Urija aufstellen lassen, und dass der alte eherne Altar deshalb bei Seite geschoben sei, bleibt doch unerwähnt. Denn die Willfährigkeit des Priesters gegenüber einem sündhaften Verlangen des Königs widerstreitet gar zu sehr den theokratischen Anschauungen; und da der Chronist bei dieser Gelegenheit die Schuld des Priesters unmöglich hätte bemänteln können, zieht er es vor, ganz darüber hinwegzugehen, und lässt dafür lieber Achas auf eigene Verantwortung ohne Mitwirkung des Priesters „an allen Ecken Jerusalems Altäre errichten." Es beherrschte den Verfasser hier wiederum die Furcht, die empfindlichen Priester zu verletzen.

Bei Chiskija hat er nun Gelegenheit in Fülle, von dessen Fürsorge für das Heiligtum und von der Mitwirkung der Priester und namentlich der Leviten zu reden. Der König versammelt [1]) die Priester und Leviten, wendet sich aber doch fast ausschliesslich an die letzteren. Diese müssen ihm die Ausführung seines gottgefälligen Vorhabens, die Reinigung des Heiligtumes, ermöglichen. Er täuscht sich in ihnen auch nicht; die Leviten aus allen drei Tribus — 14 von ihnen werden namhaft gemacht — legen Hand ans Werk und besorgen alles auf das Gewissenhafteste. Nur in das Innere des Heiligtumes, welches die Leviten nicht betreten dürfen,[2]) gehen die Priester hinein und bringen von dort das Unreine in den Vorhof Ihwhs, woselbst die Leviten es in Empfang nehmen. Bei der Darbringung der Opfer stimmen dann selbstverständlich die Leviten das

---

[1]) II. Chron. 29, 4.
[2]) Er denkt hierbei wohl hauptsächlich an das Allerheiligste; siehe Bertheau.

Lied Ihwhs an. Auch müssen diesmal die Priester sich den
leisen Tadel gefallen lassen, dass sie nicht so heiligen Eifer
gezeigt haben wie die Leviten. Nur eine kleine Zahl von ihnen
hatte sich geheiligt, so dass sie das Hautabziehen der Opfertiere nicht allein zu besorgen vermochten, vielmehr auf die
Unterstützung der Leviten, „die redlicheren Herzens in Beziehung auf das Sichheiligen gewesen waren als die Priester,"
angewiesen waren.[1] Da bei der Tempelausbesserung unter
Joasch die Leviten ob ihrer Langsamkeit gerügt worden waren,
konnten die Ahroniden sich nicht beklagen, dass auch sie einmal einen leichten Vorwurf erhielten, der übrigens im folgenden Verse bedeutend abgeschwächt wird durch die Bemerkung,
dass der eigentliche Altardienst, das Räuchern der so sehr
zahlreichen Fettstücke und das Darbringen der Trankopfer sie
vollauf in Anspruch nahm.

Über die Feier des Passah unter Chiskija, welcher das
30. Kapitel unseres Buches gewidmet ist, findet sich im Königsbuche nicht eine Silbe. Unter den Gelehrten herrscht je nach
ihrem Standpunkte Meinungsverschiedenheit, ob dieser Feier ein
historisches Moment anhaftet, oder ob sie lediglich der Phantasie
des Chronisten ihr Entstehen verdankt. Ich möchte mich un-
bedenklich für die letztere Ansicht aussprechen; denn wenn
irgend ein geschichtlicher Anhaltspunkt für diese Feier vorhanden wäre, so hätte der Verfasser des Königsbuches, der von
dem ein Jahrhundert später veranstalteten josianischen Passah
so viel Aufhebens macht, das chiskijanische Passah sicherlich
nicht völlig übergangen. Für den Chronisten lag aber fast
eine zwingende Veranlassung vor, den frommen König Chiskija,
von dem es heisst:[2] „Nach ihm war nicht seinesgleichen
unter allen Königen Judas, wie auch nicht unter denen, die
vor ihm waren. Er hielt fest an Ihwh, wich nicht ab von ihm
und beobachtete seine Gebote, die Ihwh dem Moses geboten,"
nicht dem Vorwurfe auszusetzen, dass er ein so wichtiges Opfer-
fest wie das Passah, dessen Unterlassung die Schrift mit der
schwersten Strafe bedroht,[3] nicht begangen habe. Auch bot
ihm eine durch keinen anderen Bericht beschränkte Schilderung
einer derartigen Feier eine hochwillkommene Gelegenheit zur
Verherrlichung der Leviten, die er sich nicht entgehen lassen

---

[1] II. Chron. 29, 34.
[2] II. Kön. 18, 5. 6.
[3] Num. 9, 13.

mochte. Dem Widerspruche mit der Bemerkung von II. Kön. 23, 22 welcher er mit einer kleinen Veränderung Aufnahme gewährte, konnte er leicht dadurch ausweichen, dass er das chiskijanische Passah nicht im ersten, sondern im zweiten Monate, auch nicht von ganz Israel, sondern nur von einem grossen Teile desselben und endlich nicht im völligen Zustande der Reinheit feiern liess, und er versteht es in nicht ungeschickter Weise, diese Klippe zu umschiffen.[1]) Abermals versetzt er den Priestern einen kleinen Hieb, dass sie durch die Verzögerung ihrer Heiligung die Feier des Passah zur rechten Zeit[2]) unmöglich gemacht hätten, aber er unterlässt auch nicht, zur Beruhigung der Priester hinzuzufügen, dass selbst bei grösserem Eifer ihrerseits die rechtzeitige Veranstaltung des Passah hätte unterbleiben müssen, weil das Volk noch nicht in Jerusalem eingetroffen, und weil die Reinigung erst am 16. des ersten Monates, d. h. zwei Tage nach der für das Passahopfer festgesetzten Zeit, vollendet war.[3]) Der von dem Chronisten stets festgehaltenen Fiktion gemäss, dass sich die religiöse Sorgfalt der frommen Könige Judas auch auf das Zehnstämmereich erstreckt habe, sowie mit Rücksicht darauf, dass Josija die Höhenhäuser in den Städten Schomrons und namentlich in Bethel zerstört hat,[4]) erzählt er auch von Chiskija, dass dieser Sendboten in ganz Israel ausgeschickt habe, die freilich vielfach Verspottungen ausgesetzt waren, aber doch den Erfolg erzielten, dass aus Ascher, Manasse und Sebulon sich manche demütigten und nach Jerusalem kamen. Absichtlich lässt er von den Efrajimiten, die er bei der Verspottung der Eilboten zuerst genannt hatte, niemand sich bekehren; damit will er wohl die Samaritaner treffen, die sich als Nachkommen Efrajims geberdeten, und die er aus Hass als ganz besonders verstockt darstellt.

Bei der Passahfeier, mit welcher, obwohl sie im zweiten Monate veranstaltet wird, das Fest der ungesäuerten Brote verbunden ist, zeichnen sich die Leviten besonders aus. Sie sind nicht nur die Gehülfen der Priester, denen sie das Blut zum Sprengen reichen, sondern sie vollziehen auch für viele aus der Versammlung, die nicht rein sind, das Schlachten der

---

[1]) Siehe Raschi zu II. Kön. 23, 22; vgl. auch Bertheau.
[2]) בעת ההיא II. Chron. 30, 3.
[3]) Daselbst 29, 17.
[4]) II. Kön. 23, 15. 19.

Opfertiere.[1]) Es heisst zwar: „Die Priester und Leviten hatten sich geschämt und sich geheiligt,"[2]) das will sagen, durch das Gefühl der Scham getrieben, hatten sie Eile gemacht, um sich zu diesem Feste zu heiligen; aber der Ausdruck „sie hatten sich geschämt," geht doch vorzugsweise auf die nachlässigen Priester,[3]) während das Sichheiligen auch von den Leviten Geltung haben soll. Bei der Schilderung der Festesfreude, die hauptsächlich durch Lobgesänge zum Ausdrucke kommt, werden dem sonstigen Gebrauche entgegen die Leviten wegen ihrer hervorragenden Beteiligung noch vor den Priestern genannt.[4]) Chiskija redet ermunternde, lobende Worte auch nur zu den Leviten, „welche gute Einsicht haben in Beziehung auf Ihwh,"[5]) an die Priester wendet er sich nicht. Aber der Chronist vergisst ihrer doch nicht ganz; sie bekommen noch eine, wohl etwas verspätete, aber immerhin wohlthuende Anerkennung, indem es von ihnen heisst:[6]) „Die Priester hatten sich (scil. jetzt) in Menge geheiligt," und man konnte daher, ohne fürchten zu müssen, dass die Kräfte der Opferpriester nicht ausreichen würden, nach dem siebentägigen Mazzothfeste noch ein siebentägiges Freudenfest im grossen Stile feiern, wie es seit den Tagen Salomos in Jerusalem nicht begangen worden war. Am Schlusse des Festes „standen die Priester, die Leviten, (oder die Levitenpriester) auf und segneten das Volk, und ihre Stimme ward erhört und ihr Gebet kam zu seiner heiligen Wohnung im Himmel."[7]) Hier haben wir wiederum — zu m dritten Male in der Chronik — den Ausdruck הכהנים הלוים; auch die LXX (Vatic.) haben an dieser Stelle οἱ ἱερεῖς οἱ Λευῖται ohne καί.[8]) Es ist sehr wohl möglich, dass der Chronist hier absichtlich eine zweideutige Fassung gewählt hat; denn die Befugnis des

---

[1]) Dass bei dieser Passahfeier mehrere gesetzwidrige Unregelmässigkeiten vorgekommen seien, hebt der Chronist selbst hervor, und der Talmud vergrössert die Zahl derselben noch und macht u. a. auch darauf aufmerksam, dass Chiskija gegen die Ordnung den bereits begonnenen ersten Monat zum Schaltmonat gemacht habe.

[2]) II. Chron. 30, 15.
[3]) Siehe Bertheau zur Stelle.
[4]) הלוים והכהנים daselbst V. 21.
[5]) Daselbst V. 22.
[6]) II. Chron. 30, 24.
[7]) Daselbst V. 27.
[8]) Vulg., Syr. und die LXX (Alex.) haben das verbindende „und" zwischen Priester und Leviten.

Segensprechens über das Volk hatten nur die Priester. [1]) Durch die Anreihung des Wortes „u n d die Leviten" hätte er leicht die Eifersucht der Ahroniden erregen können; aber der Ausdruck הכהנים הלוים, der, wenn auch in seiner Zeit im allgemeinen nicht mehr üblich, so doch hie und da, wie auch noch in späterer Zeit wohl angewandt wurde, war harmlos und hatte überdies für den Chronisten das Angenehme, dass wenigstens der Name Leviten mit darin enthalten war. Weitergehende Schlüsse aus diesem Ausdrucke zu ziehen, dürfte gewagt sein.

In Kap. 31 werden nach einem kurzen, summarischen Berichte über die Zerstörung der Götzenaltäre in Juda und Israel die von Chiskija zu Gunsten der Priester und Leviten getroffenen Einrichtungen mitgeteilt, wie er die Priester- und Levitenabteilungen wieder einsetzte und für ihre Sporteln Sorge trug. Er veranstaltet auch eine Untersuchung, ob der Ertrag der Erstlinge und des Zehnten — der Erstlinge für die Priester, des Zehnten für die Leviten, man erkennt genau beide Arten von Abgaben — für den Unterhalt der Tempelbeamten ausreiche, und erhält diesbezüglich von dem Oberpriester Asarja beruhigende Versicherungen. Dann lässt er Vorratshäuser anlegen, über welche ausschliesslich Leviten nach der ihnen vom Könige und Asarja, dem Fürsten des Gotteshauses, gegebenen Instruktion, [2]) die Aufsicht führen. Auch die Verteilung der den Priestern zustehenden Gebühren und selbst die Austeilung des Hochheiligen wird den Leviten übertragen; desgleichen haben sie den in den Landstädten wohnenden Priestern die für sie bestimmten Abgaben auszuhändigen. Bemerkt wird auch, dass die Priester schon im Alter von 3 Jahren in den Tempel kommen durften, [3]) und ferner, dass die Priester nach Vaterhäusern verzeichnet und die Leviten von 20 Jahren ihren Ämtern und Abteilungen zugeführt wurden. [4]) Wir wissen, dass der Chronist Wort darauf legt, aus der Geschichte der Vergangenheit den Nachweis zu führen, dass die Leviten schon zwanzigjährig und nicht erst dreissigjährig zum Amte zuzulassen seien. Bezeichnend ist auch, dass er in den drei Kapiteln, in welchen er über die Verdienste Chiskijas um Religion und Kultus berichtet, ausser dem Oberpriester Asarja keinen ein-

---

[1]) Num. 6, 22—27.

[2]) daselbst 31, 13. במפקד יחזקיהו המלך ועזריהו נגיד בית האלהים:

[3]) Das geht jedenfalls aus 31, 16 hervor; siehe Bertheau.

[4]) Daselbst 31, 16. 17.

zigen Priester namentlich anführt, während er eine grosse Anzahl von Leviten mit Namen nennt und ihre Thätigkeit genau bezeichnet.

Dass der von einer schweren Krankheit heimgesuchte Chiskija, von dem bis jetzt nur Gutes erzählt wurde, aus Übermut gesündigt habe, ist bei dem Chronisten ebenso selbstverständlich, wie dass er seine Heilung der Busse verdankt. Auch Manasse, der 55 Jahre regiert, bereut seine Sünden und wird ein gar frommer König, der Juda auffordert, Gott zu dienen, und der, wenn er nicht geduldet hätte, dass das Volk auf den Bamoth, freilich nur für Ihwh, Opfer darbrachte, fast ein zweiter Chiskija gewesen wäre. Amon hingegen ist viel sündhafter als er und demütigt sich nicht, weshalb ihn auch schon nach zwei Jahren der Tod durch die Hand von Verschwörern ereilt.[1]

In der Geschichte Josijas, die der Verfasser kürzer, als es im Buche der Könige geschieht, wiedergiebt, finden sich mehrere tendenziöse Abweichungen. So beginnt hier der König schon im achten Jahre seiner Regierung „noch im Knabenalter", Gott zu suchen, im zwölften, Juda und Jerusalem zu reinigen und im achtzehnten Jahre endlich, den Tempel herzustellen. Im Buche der Könige beginnt seine religiöse Thätigkeit überhaupt erst im achtzehnten Jahre, aber der Chronist findet es nicht in der Ordnung, dass ein König, von dem es heisst: „Vor ihm ist noch kein König so wie er zu Gott zurückgekehrt, mit ganzem Herzen und mit ganzer Seele und mit ganzem Vermögen, ganz nach der Lehre Mosis, und nach ihm stand seinesgleichen nicht auf,"[2] erst achtzehn Jahre nach seiner Thronbesteigung sich auf seine heiligste Pflicht besinnen soll. Das Geld, welches zur Ausbesserung und Befestigung des Tempels verwendet werden soll, haben nach der Chronik[3] die levitischen Schwellenhüter aus Manasse, Efrajim und dem ganzen Überreste Israels, sowie aus ganz Juda und Benjamin und von den Einwohnern Jerusalems gesammelt. Auch sind Leviten, zum Teil namentlich angeführt, über die Zimmerleute und Bauleute als Vorsteher, sowie als Schreiber, Vögte und Pförtner gesetzt. Aus den Priestern und Propheten im Königsbuche[4] sind hier Priester und Leviten gewor-

---

[1] Siehe oben.
[2] II. Kön. 23, 25.
[3] II. Chron. 34. 9.
[4] II. Kön. 23, 2.

den.[1]) Bei dem Passah kommt es vor allem darauf an, dass
die Priester und Leviten in ihrem Dienste gut geübt und ge-
schult sind; dann ergeht an die Leviten, „die ganz Israel lehren,
die heilig sind Ihwh," seitens des Königs der merkwürdige
Befehl, dass sie die heilige Lade in das Haus bringen sollen,
welches Salomo erbaut hat, dass sie nicht mehr eine Last auf
der Schulter tragen, sondern Gott und seinem Volke Israel
dienen sollen.[2]) Was damit gemeint ist, wie es gekommen ist,
dass die heilige Lade sich nicht an ihrem Orte im Allerheiligsten befand, ist schwer zu erklären. Die alten jüdischen Inter-
preten behaupten, Manasse habe die Lade entfernen lassen,
um ein Götzenbild an ihre Stelle zu setzen, und Josija habe
nun den Auftrag gegeben, das Nationalheiligtum wieder an
seinen Ort zurückzuschaffen.[3]) Freilich verhehlen sie sich nicht,
dass die Annahme, Manasse habe diese Pflicht nicht selbst
erfüllt, mit dem Berichte über seine Busse und über die Abschaffung des Götzendienstes schwer zu vereinbaren ist. Sie
nehmen daher noch zu mystischen Deutungen ihre Zuflucht,
durch welche das Dunkel natürlich nicht erhellt wird. Man
wird wohl mit Bertheau dem Gedanken Raum geben müssen,
dass die Leviten die Lade, die vielleicht neu geweiht war, bei
der Feier des Passah auf ihren Schultern trugen, sie wohl
auch — wie ich hinzufügen möchte — in feierlicher Prozession
durch die ganze Stadt tragen wollten, von Josija aber belehrt
wurden, dass sie dieses Ehrenamt jetzt nicht mehr zu versehen,
sondern lediglich Ihwh und seinem Volke zu dienen hätten.
Die ganze Anrede Josijas an die Leviten hat vornehmlich den
Zweck, mit Nachdruck der Anschauung entgegenzutreten, als
sei die Thätigkeit der Leviten eigentlich auf den Transport
der heiligen Lade zu beschränken und dürfe sich nicht auf
den Opferdienst selbst erstrecken. Im Gegensatze zu dieser
Anschauung soll der levitische Hülfsdienst im Heiligtume als
ein hochwichtiger und bedeutungsvoller, für das Volk geradezu
unentbehrlicher bezeichnet werden. Die Leviten sollen das
Passah schlachten, sich dann heiligen und die Opfer für ihre
Brüder zubereiten. Die heilige Lade ist nur hineingezogen,
um Gelegenheit zum Aussprechen dieses Gedankens zu haben,

---

[1]) II. Chron. 34, 30.

[2]) Daselbst 35, 3.

[3]) Siehe Raschi und David Kimchi zur Stelle.

der zur Zeit des Chronisten nach der Verdrängung der Leviten aus dem Opferdienste eine eminent praktische Bedeutung hat. Der König und die Fürsten, sowie die Fürsten der Priester und Leviten, heisst es dann weiter, schenkten dem Volke Opfertiere in grosser Zahl. Der König gab 30000 Lämmer und 3000 Rinder, drei Priesterfürsten spendeten 2600 Lämmer und 300 Rinder, sechs Levitenfürsten 5000 Lämmer und 500 Rinder.[1]) Die Leviten sind auch hier wie immer zahlreicher vertreten und haben grössere Leistungen aufzuweisen als die Priester.[2])

Nachdem alle Vorbereitungen für das Passah getroffen sind, geht es an die Ausführung, bei welcher den Leviten der Löwenanteil an Arbeit zufällt. Sie schlachten, reichen den Priestern das Blut, ziehen den Opfertieren die Haut ab, sondern die Brandopfer ab, braten das Passah nach Vorschrift und übernehmen die ganze Arbeit für das Volk. Dann erst sorgen sie für sich und die Priester, und es ist ein wahres Glück, dass sie sich auch dieser annehmen; denn die Ahroniden haben mit der Darbringung des Brandopfers und der Fettstücke bis in die Nacht zu thun und würden ohne die Hülfe der Leviten die Zubereitung ihrer eigenen Passahopfer vernachlässigen müssen. So aber können sie ebenso wie sämtliche Sänger- und Thorwärterabteilungen ungestört ihrem Berufe obliegen, da die liturgischen Leviten, deren segensreiche Thätigkeit bei dieser Gelegenheit in die Augen springt, für sie alles bestens besorgen.[3])

Am Schlusse der Schilderung der josijanischen Passahfeier wird, ähnlich wie in II. Kön. 23, 22 und 23, hervorgehoben, dass ein solches Passah seit den Tagen des Propheten Samuel nicht veranstaltet sei.[4]) Im Buche der Könige heisst es: „seit den Tagen der Richter, die Israel gerichtet haben;" das konnte aber der Chronist nicht gelten lassen. Samuel, der nach der Chronik der Stammvater der Hemaniten, also ein vornehmer Levit ist, darf in der Erfüllung der religiösen Pflichten von Josija nicht übertroffen werden; ihm darf nicht nachgesagt werden, dass zu seiner Zeit und unter seiner Volksleitung das hochwichtige Passahopfer nicht ganz nach Vorschrift vollzogen wäre. Dass die frommen Könige David und

---

[1]) II. Chron. 35, 7. 8. 9.
[2]) Dass drei von den sechs Leviten dieselben Namen haben, welche levitische Häupter zu Chiskijas Zeit trugen, hat bereits Bertheau bemerkt.
[3]) II. Chron. 35, 10—16.
[4]) Daselbst V. 18.

Salomo indirekt einen Tadel erhalten, stört den Chronisten
weniger; wenn nur seine Leviten vorwurfsfrei dastehen! Da
die Richterperiode mit Samuel abschliesst, so erscheint die
kleine Änderung als gänzlich harmlos, ist aber dennoch eine
hochtendenziöse.

Im letzten Kapitel der Chronik ist für unseren Zweck
nur Vers 14 von Belang: „Auch alle Fürsten der Priester und
das Volk häuften Treulosigkeit" u. s. w. Hier ganz zum Schlusse
schleudert der Verfasser gegen die Priesterfürsten einen gewaltigen Tadel, in welchen er die Fürsten der Leviten nicht mit
hineinbezieht. Die II. Kön. 25, 18–21 erzählte Hinrichtung des
Oberpriesters Seraja und des Priesters vom zweiten Range Zefanja,
die natürlich eine Strafe für deren Sündhaftigkeit sein muss,
vielleicht auch die Vision Ezechiels[1]) liess diesen Tadel gerechtfertigt erscheinen und schützte den Chronisten gegen die Empfindlichkeit der zeitgenössischen Priester. Jedenfalls lässt sich aus der
Beschränkung dieses Vorwurfes auf die Priesterfürsten und
das Volk und aus der Weglassung der Leviten ersehen, wie
der Chronist seiner Tendenz, die Leviten möglichst herauszustreichen, bis zum Ende des Buches treu geblieben ist.

X.

Die Hoffnungen, welche der Verfasser der Chronik für
seine levitischen Brüder hegte und zu deren Erfüllung er
durch seine levitisch gefärbte Schilderung der judäischen Vergangenheit und der kultuellen Einrichtungen im salomonischen
Tempel beitragen wollte, verwirklichten sich nur zum kleinsten
Teile. Mehrere persönliche und politische Momente traten
hindernd dazwischen. Zunächst war es die gewaltige, die
Folgezeit mächtig beeinflussende Persönlichkeit Simons des
Gerechten, der nebst dem Priesterdiadem die Krone der Gelehrsamkeit trug und durch diese Vereinigung, zu welcher sich
noch die Krone strengster Redlichkeit und Sittlichkeit gesellte,
das Priestertum in den Augen des Volkes ausserordentlich hob.
Je grösser aber das Ansehen des Priesterstandes wurde, desto
weniger war dieser zu Zugeständnissen an die Leviten geneigt,
desto kühler verhielt sich das Volk den Ansprüchen des ihm
gleichgültig gewordenen Levitentumes gegenüber. Durch den

---

[1]) Ez. 8, 16.

Umschwung in den politischen Verhältnissen erlangten auch die Nachfolger Simons des Gerechten, obwohl sie keineswegs mit geistigen oder sittlichen Voizügen geschmückt waren, eine grössere Machtstellung. Während der Perserherrschaft standen die Juden unter der Botmässigkeit eines Satrapen, der sie oft genug seine Macht und Willkür fühlen liess und der dem Hohenpriester nicht allzuviel freien Spielraum gestattete. Nach dem Zerfalle des Perserreiches bildete Judäa einen Bestandteil bald des Seleuciden-, bald des Ptolemäerreiches. Die beständige Eifersucht und Feindschaft zwischen beiden Staaten musste naturgemäss dem Hohenpriester zu Gute kommen und seinen Einfluss stärken. Er war ein gar mächtiger Faktor im jüdischen Staatsleben geworden, mit dem die seleucidische wie die ptolemäische Partei zu rechnen, zu dem die eine wie die andere, wollte sie etwas durchsetzen, sich in ein gutes Verhältnis zu setzen hatte. Gegen ihn und die mit ihm verbündeten Priester konnten die Leviten mit ihren, wenngleich noch so bescheidenen und voll berechtigten Wünschen nicht leicht durchdringen und durften kaum wagen, sie laut werden zu lassen, weil sie sonst neue Enttäuschungen und Zurücksetzungen zu befürchten hatten.

Der Opferkultus, an welchem sie so gern Anteil gehabt hätten, blieb ihnen nach wie vor völlig verschlossen. Der Hinweis auf das Beispiel der frommen Könige David, Salomo, Chiskija und Josija, welche den Leviten weitgehende Befugnisse eingeräumt und sich zur Durchführung wichtiger religiöser Massregeln und Reformen ihrer hülfreichen Mitwirkung bedient hatten, vermochte die Ahroniden nicht zu bestimmen, auch nur ein Titelchen von ihren Rechten aufzugeben, und andererseits war auch das Laienvolk nicht gewillt, trotz der Berufung auf Ezechiel und die Chronik, sich die Befugnis des Schlachtens der Opfertiere nehmen zu lassen oder diesem Rechte zu Gunsten der Leviten zu entsagen. Für liturgische Dienste der Leviten war kein Feld mehr vorhanden.

Aber in mancher anderen Hinsicht wurden die den Leviten gezogenen engen Schranken doch erweitert. Die strenge Bestimmung, dass sie nur vom 30. bis zum 50. Lebensjahre ihrem Dienste vorstehen durften, geriet allmählich in Vergessenheit, oder man setzte sich wenigstens in der Praxis über dieselbe hinweg. Zuerst wurde ein Kompromissversuch gemacht und statt des 30. das 25. Lebensjahr als Anfangstermin festgesetzt, gleichzeitig auch bestimmt, dass die über 50 Jahre alten Leviten zwar nicht zu selbständigen Funktionen zuzulassen seien, wohl aber den anderen Leviten Hülfsdienste leisten, diese gewissermassen bedienen sollten.[1]) Später erklärte man, die diesbezügliche Bestimmung des Pentateuch finde auf die Sänger und Thorwärter, d. h. mit anderen Worten, auf sämtliche damalige Leviten, keine Anwendung, habe vielmehr nur Geltung gehabt für den ehemaligen Levitendienst, der im wesentlichen in dem Transporte des Stiftszeltes und seiner Geräte bestand.[2])

Auch trug man Sorge, dass die Priester sich keine Übergriffe in die Sphäre der Leviten gestatteten; desgleichen wurden die Funktionen der Sänger und Thorwärter streng aus einander gehalten und ein Übertreten von der einen in die andere Klasse galt als unstatthaft und gesetzwidrig.[3]) Die Sängerklasse erfreute sich überhaupt einer grösseren Würdigung ihrer Thätigkeit; dem das Opfer begleitenden Gesange wurde mit der Zeit eine solche Wichtigkeit zuerkannt, dass unter den Mischnahlehrern ein Streit darüber entstehen konnte, ob das

---

[1]) ויירה את אחיו:.

[2]) Das in Rede stehende Stück Num. 8. 23—26 ist ein sehr spätes Einschiebsel, das in direktem Widerspruche steht mit Num. 4 und den Bibelerklärern viel zu schaffen macht. Sifre und, ihm folgend, Raschi. Maimonides u. a. suchen den Widerspruch in der Weise auszugleichen, dass der eigentliche Levitendienst erst mit 30 Jahren beginne, dass aber der Levit schon mit 25 Jahren anfangen solle, den Dienst zu erlernen. Aben Esra will zum Tragen der heiligen Geräte nur Leviten im Alter von 30—50 Jahren, zum Dienste im Stiftszelte schon fünfundzwanzigjährige qualifiziert wissen. Nachmanides macht sehr richtig hiergegen geltend, dass dann ja die Gerschoniten und Merariten, welche nicht auf der Schulter tragen, zu einem früheren Termine in den Dienst gestellt werden müssten, was aber bekanntlich nicht der Fall ist. (Num. 4, 23. 30. 39. 43.) Er erklärt daher den Leviten vom 25. Lebensjahre an schon zum vollen Dienste für tauglich, nur nicht zum Amte eines Aufsehers und Obersten (פקיד ונגיד), zu welchem er erst nach zurückgelegtem 30. Lebensjahre die Befähigung erhalte.
Die Partikel את in ויירת את אחיו (Num. 8, 26) wurde schon vom Targum nicht als Zeichen des Akkusativs, sondern als Präposition aufgefasst (וישמש עם אחוהי), womit gesagt sein soll. dass auch nach dem 50. Lebensjahre der Levit noch zur Ausübung des vollen Dienstes als Sänger oder Thorwärter befugt ist.
Maimonides: Mischne Thora, Hilchoth kele hammikdasch Kap. 3, 8.

[3]) Bab. Talmud, Erachin 11b.

Unterbleiben des Gesanges die durch die Opferhandlung zu erwirkende Sühne aufhalte oder nicht.[1]

Hinsichtlich des Zehnten, der den Leviten widerrechtlich entzogen war, kehrte zwar der ursprüngliche gesetzliche Zustand nicht wieder zurück; das wussten die herrschsüchtigen und habgierigen Priester schon zu verhindern, und gegen ihren Willen hätte das Synhedrium es nimmermehr vermocht, den tief eingerissenen Missbrauch, der im Laufe der Zeit entgegen dem Buchstaben der Schrift lebendiges Gewohnheitsrecht geworden war, zu beseitigen. Zumal als die Hasmonäer in den Besitz der weltlichen Herrschaft gelangt waren, hätte jeder Versuch, ihren Standesgenossen den Anspruch auf den Zehnten zu entziehen, unzweifelhaft den grössten Widerstand hervorgerufen. Aber in der Praxis verschaffte sich die biblische Bestimmung vielfach wieder Geltung. Ein grosser Teil der Chaberim und wohl auch manche aus dem Volke wandten ihren Zehnten den Leviten zu; andererseits setzten sich freilich die Priester, die sehr rücksichtslos vorgingen und ihre Knechte in die Tennen schickten,[2] oftmals mit Gewalt in den Besitz dieser Sporteln; endlich erhielten auch mitunter die Armen einen Anteil davon. So herrschte auf diesem Gebiete in den letzten Jahrhunderten des jüdischen Staatslebens eine Verwirrung und Zerrüttung, wie wir sie sonst gegenüber klar ausgesprochenen biblischen Anordnungen nirgends finden. Man wusste eben nicht, was rechtens war, und überliess es einem jeden, nach seiner Wahl den Zehnten einem Angehörigen der drei Kategorien, Priester, Leviten, Arme, zu übergeben. In den Lehrhäusern stellte man sich mehr und mehr auf den gesetzlichen Standpunkt und hielt den Anspruch der Leviten auf den Zehnten für unanfechtbar, wie aus vielen Stellen der Mischnah und Boraitha klar hervorgeht.[3] Allein zu einem einheitlichen, allgemein anerkannten Verfahren konnte man infolge des Widerspruches in Priesterkreisen nicht gelangen, und es scheint, als ob selbst diejenigen unter den Priestern, die sich durch Gelehrsamkeit und fromme Demut vorteilhaft von vielen ihrer Stammesgenossen unterschieden, auf die Zu-

---

[1] Bab. Talmud 11a. השיר מעכב את הקרבן דברי רבי מאיר וחכמים אומרים אינו מעכב:

[2] Jos. Altert. XX 8, 8.

[3] Mischnah, Maasser scheni II, bab. Talmud, Gittin 30a u. b, Berachoth 47b u. a.

wendung des Zehnten an die Ahroniden um deswillen nicht verzichten mochten, weil die Einhaltung dieser Sitte, richtiger Unsitte, einmal als Prinzipienfrage und als ein Ehrenpunkt innerhalb der Priesterschaft angesehen wurde. Rabbi Eleasar ben Asarja, selbst ein Ahronide und Nachkomme Esras,[1]) bemühte sich, nachzuweisen, dass die Priester, abgesehen von jener Esra zugeschriebenen Strafbestimmung, schon nach biblischem Rechte Anspruch auf den Zehnten hätten.[2]) Obwohl mit Glücksgütern reich gesegnet,[3]) legte er doch Wert darauf, von Zeit zu Zeit seinem Anspruche auf den Zehnten praktische Geltung zu verschaffen, und geriet hierbei einmal in Konflikt mit Rabbi Akiba, der in Konsequenz seiner theoretisch abweichenden Meinung den priesterlichen Gesetzeslehrer an der Ausführung seines Vorhabens zu hindern wusste.[4])

So lange die Makkabäerherrschaft währte, mussten die Leviten jeden Gedanken an eine durchgreifende Verbesserung ihrer Lage in ihrer Brust verschliessen und sich mit den winzigen Rechten begnügen, welche ihnen von ihrer ehemals so mächtigen und einflussreichen Stellung geblieben waren. Doch vergessen waren ihre einstigen Träume nicht. Sie gaben die stille Hoffnung nicht auf, dass sie unter günstigen politischen Verhältnissen sich noch einmal erheben und, wenn auch nicht einen dem der Priester ebenbürtigen Rang einnehmen, doch nach aussen hin mancher Auszeichnungen teilhaftig werden könnten, die ihnen als Abzeichen ihrer Würde sehr begehrenswert erschienen. Besonders hegte die Sängerabteilung, die sich in der Gesangeskunst sehr vervollkommnet hatte, und wie mehrfach betont worden, zur Weihe und Feierlichkeit des Opferkultus wesentlich beitrug, seit lange den Lieblingswunsch, eine Amtstracht aus Byssus anzulegen,[5]) damit sie schon durch die Kleidung in den Augen der Tempelbesucher als geweiht und heilig erscheine. Erst zur Zeit Agrippas II. schien ihnen der Augenblick für die Erfüllung ihres Wunsches gekommen. Sie wandten sich an den jungen König und redeten ihm ein, dass es seinen Regierungsjahren zum Ruhme gereichen werde, wenn er diese neue Anordnung treffe und ihnen die Anlegung

---

[1]) Jerus. Talmud, Berachoth 7 d.
[2]) Bab. Talmud, Jebamoth 86 a.
[3]) Daselbst, Sabbath 54 b.
[4]) Daselbst Jebamoth 86 b.
[5]) I. Chron. 15, 27. II. Chron. 5, 12.

von Byssusgewändern gestatte. Agrippa, der nicht allein zu
entscheiden wagte, legte die Angelegenheit dem Synhedrium
vor, und diese Körperschaft willfahrte dem Begehren der
Sänger.[1]) Die Freude über die ihnen gewordene Errungenschaft
erfuhr jedoch eine wesentliche Trübung durch ein anderweitiges
Zugeständnis, durch welches Agrippa einem Teile der Thorwärter geradezu eine Rangerhöhung verlieh.[2]) Er gestattete
ihnen nämlich auf ihren Wunsch, die Hymnen zu erlernen,
was soviel besagen will, als in die Sängerabteilung überzu-
treten. Ein solches Verfahren widerstritt dem Herkommen und
der religiösen Satzung und hat sicherlich zu lebhaften Erörte-
rungen innerhalb der Sängerklasse Veranlassung gegeben. Die
Priester verdross es besonders, die Leviten mit Gewändern be-
kleidet zu sehen, welche sie von ihnen nur wenig unterschieden,
und der priesterliche Schriftsteller Josephus giebt seinem Un-
mute hierüber, sowie über die Einreihung der Thorwärter in
die Sängerklasse den stärksten Ausdruck, indem er seinen
Bericht mit der Bemerkung begleitet, dass eine derartige Verletzung der Kultusordnung notwendig die göttliche Strafe nach
sich ziehen musste.[3]) Manche Ahroniden mögen in dem Streben
der Sänger nach äusserem Pomp die Vorboten eines neuen
heftigen Kampfes gegen sie erblickt und die Ergreifung von
Gegenmassregeln bereits in Aussicht genommen haben, um
das Levitentum nicht wieder mächtig werden zu lassen.

Doch schon nahte das Verhängnis. Durch den furchtbaren
Zusammenstoss Judäas mit Rom ward dem Tempeldienste ein
gewaltsames Ende bereitet, und beide Klassen von Tempelbeamten zehrten fortan nur von den Erinnerungen der Vergangenheit und von den Hoffnungen auf eine herrliche Zukunft. Das
gemeinsame nationale Unglück liess die Eifersucht zwischen
Priestern und Leviten verstummen und diktierte ihnen nach
einem vielhundertjährigen, nunmehr gegenstandslos gewordenen
Kampfe einen dauernden Frieden.

---

[1]) Jos. Altert. XX 9, 6.

[2]) Daselbst.

[3]) Dass der Ausdruck in der Darstellung des Josephus ἐπιτοπογοῦντες
κατὰ τὸ ἱερόν sich nur auf einen niederen levitischen Dienst beziehen
kann, ist schon oben auseinandergesetzt worden.

Berichtigungen.

S. 1, Z. 19 ist „zu profanieren" hinter Berseba zu setzen.

S. 4, Anm. lies „21, 5", statt 25, 5.

S. 14, Anm. letzte Zeile lies „חנרר", statt חנרר.

S. 23, Anm. 2 lies „13, 10", statt 13, 9.

S. 26, Z. 22 lies „reinigten", statt vereinigten.

S. 31, Z. 17 lies „levitische Abstammung", statt Abstammung.

S. 43, Anm. 2 lies „Graetz", statt Gaertz.

S. 44, Z. 2 v. u. lies „Leben", statt Lehen.

S. 59, Z. 6 lies „וז", statt יז.

S. 68, Anm. 2 lies „23, 3—5", statt 21, 3—5.

S. 72, Z. 4 v. u. lies „Maasser scheni", statt Maasserscheni.

S. 76, Anm. 3 lies „26, 13", statt 27, 13.

S. 93, Z. 11 v. u. lies „wandelnd geschilderten", statt wandelnden.

S. 95, Z. 24 lies „von jeglicher", statt an jeglicher.

S. 98, Z. 21 lies „unterlässt es,", statt unterlässt, es.

S. 120, Z. 14 lies „Jizhar", statt Zizhar.

S. 126, Z. 22 lies „14, 13", statt 14, 14.